AF401015

COLLECTION DE FEU M. ÉDOUARD MEAUME

ESTAMPES

FÉVRIER 1887

Mᵉ MAURICE DELESTRE

Commissaire-Priseur

27, RUE DROUOT, 27

MM. DANLOS FILS ET DELISLE

Marchands d'Estampes

5, QUAI MALAQUAIS, 5

COLLECTION DE FEU M. ÉDOUARD MEAUME

ESTAMPES ANCIENNES

ŒUVRES

DE

J. CALLOT, CLAUDE LORRAIN, SÉBASTIEN LECLERC, ARTISTES LORRAINS

Portraits Historiques

POUR L'HISTOIRE DE LA LORRAINE, ETC.

dont la vente aura lieu

Hôtel des commissaires-priseurs, rue Drouot, 5

SALLE N° 4

Les Jeudi 10, Vendredi 11 et Samedi 12 Février 1887

A DEUX HEURES PRÉCISES

Par le ministère de Me **MAURICE DELESTRE**, commissaire-priseur

RUE DROUOT, 27

Assisté de **MM. DANLOS** Fils et **DELISLE**, marchands d'estampes

QUAI MALAQUAIS, 5

EXPOSITION PUBLIQUE

Le Dimanche 6 Février 1887, de 2 heures à 5 heures.

CONDITIONS DE LA VENTE

Elle sera faite au comptant.

Les acquéreurs paierout cinq pour cent en sus des enchères.

MM. Danlos fils et Delisle, chargés de la vente, se réservent la faculté de diviser ou de rassembler les lots.

ORDRE DES VACATIONS

DÉSIGNATION

ALIX (chez).

1. Portrait de Custine, général de l'armée du Rhin. In-4. — Très belle épreuve imprimée en couleur.

AUBERTIN.

2. Isabey et sa famille dans une barque, d'après Isabey. — Belle épreuve avant la lettre.

BEATRIZET (N.).

3. Gonzague (Hippolyte de) (R. D. 39). — Très belle épreuve du premier état.

BELLANGE (J.).

4. L'Annonciation (R. D. 1). — La Vierge et l'enfant Jésus (3, 4 et 5). — La Résurrection de Lazare (6). — Le Portement de Croix (7). — Les trois Maries au tombeau (9). — Le Christ mort (8). Huit pièces. — Belles épreuves.

5. La Vierge et l'enfant Jésus (10 et 11). — Trois Saintes (13). — Décollation de saint Jean-Baptiste (14). — Le Martyre de sainte Lucie (15). Cinq pièces. — Belles épreuves.

6. Jésus-Christ et ses Apôtres. Suite de 16 estampes (17-32). Il manque le n° 24. — Très belles épreuves.

7. Les Rois Mages. Suite de trois estampes (33-35). — Très belles épreuves.

8. Diane et Orion (36). — Une Femme assise, etc. (37). — La Femme au brasier (38). — Les Jardinières (41,42 et 44).— Combat de deux gueux (46). Sept pièces.—Belles épreuves.

9. Martyre de sainte Lucie. — Les Rois Mages. — La Femme au brasier. — Deux gueux, etc. Vingt pièces, originaux et copies.

BELLA (Et. Della).

10. Saint Prosper descendant du Ciel (J. 68). — Superbe épreuve du 1er état, avant les armes et la dédicace.

11. Le Reposoir (J. 85). — Superbe épreuve avant l'adresse de Witherhout.

12. La Fuite en Égypte. — Satyres et enfants. — Têtes coiffées à la Persienne. — Portrait de François de Médicis. Dix-huit pièces. — Très belles épreuves.

13. Allégories sur la mort. Suite de cinq estampes. Dans le fond de deux pièces se voit le charnier du cimetière des Innocents. — Très belles épreuves, marges.

14. Fêtes à Florence sur l'Arno, à l'occasion du mariage de Cosme III de Médicis. — Vue de la place forte d'Orbatello. Cinq pièces. — Belles épreuves.

15. Suite de douze paysages dédiés au Grand Condé. — Très belles épreuves.

16. Grands paysages. — Ruines Romaines. Dix pièces. — Très belles épreuves avant et avec la lettre.

17. Dessins de quelques conduites de troupes, 12 pl. — Divers embarquements, 8 pl. — Livre à dessiner, 16 pl. — Recueil de diverses pièces relatives à la fortification, 14 pl. — Agréable diversité de figures, 13 pl. — Diverses figures et paysages, 8 pl. — Figures équestres, 9 pl. etc. Ensemble soixante-quatorze pièces. — Très belles épreuves.

18. Portrait de Et. Della Bella par W. Hollar, Sujets religieux, Paysages etc. Cent pièces.

BOSSE (Ab.).

19. La Maîtresse d'école. — Très belle épreuve avec l'adresse de Le Blond.

BRY (Th. de) et autres.

20. Motifs d'orfèvrerie, Sujets divers. Dix-huit pièces. — Belles épreuves.

BUSINCK (L.).

21. Moïse (L. B. 1). — Judith (2). — Sainte Famille (3 et 4). — Jésus-Christ et les Apôtres (7-19). — Enée (20). — Le Fluteur (21). — Les Évangélistes. — La Leçon de musique. Vingt-deux pièces. — Belles épreuves.

CALLOT (Jacques).

(Voir la Vie et les ouvrages de J. Callot, par M. *E. Meaume*. Paris, Vve Jules Renouard 1860. 2 vol. in-8°.)

22. Portrait de Callot par L. Vorsterman, d'après Van Dyck. — Belle épreuve du 2e état.

23. — par M. Lasne. — Très belle épreuve. Petite marge.

24. — par A. Bosse. — Très belle et rare épreuve du 2e état avant *l'excudit* d'Israël.

25. Par le même. — Deux épreuves des 3e et 4e états.

26. — par Lubin, Loermans, Pazzi. Trois pièces.

27. — par Yves. Trois épreuves dont une unique de la planche non terminée.

28. Le Passage de la mer Rouge (E. M. 1). — Très belle épreuve du 1er état, avant le flot.

29. La même estampe, épreuve du 2e état.

30. Le Miracle d'Élie (2). — Superbe épreuve. Très rare.

31. L'Enfant Jésus (3). — Très belle épreuve du 2e état.

32. Saint Jean dans le désert (4). — Très belle épreuve. Petite marge.

33. Le Massacre des Innocents (1re pl. 5). — Très belle épreuve du 1er état avant toute lettre.

34. La même estampe. — Épreuve du 2e état.

35. Le Massacre des Innocents (2e pl. 6). — Très belle épreuve du 1er état avant toute lettre.

36. La même estampe. — Épreuve du 2ᵉ état.

37. L'Ecce-Homo (7).

38. Le Portement de croix (9). — Deux épreuves des 1ᵉʳ et 2ᵉ états avec deux copies par Cochin le Vieux. 4 pièces.

39. Jésus-Christ en croix (10). — La Passion de Notre-Seigneur (19-30). Suite de douze estampes. — Très belles épreuves du 1ᵉʳ état, avant les nᵒˢ.

40. La même suite (manquent les nᵒˢ 21 et 24). — Épreuves du même état.

41. Entrée de Jésus à Jérusalem (45). — Très belle épreuve du 1ᵉʳ état avant la lettre.

42. Les Quatre Banquets (48-51). Suite de quatre estampes. — Très belles épreuves du 1ᵉʳ état.

43. Jésus-Christ au milieu des mesureurs de grains (52). — Très belle épreuve.

44. La Parabole de l'Enfant prodigue (53-63). Suite de onze estampes. — Très belles épreuves du 2ᵉ état, avant les nᵒˢ. Grandes marges.

45. La même suite. — Épreuves du même état.

46. La Sainte Famille à table (65). — Superbe épreuve du 1ᵉʳ état.

47. La même estampe. — Épreuve du même état.

48. Sainte Famille, d'après André del Sarte (66). — Très belle épreuve du 1ᵉʳ état.

49. L'Annonciation (71). — Très belle épreuve.

50. La Vie de la Sainte Vierge (76-89). Suite de quatorze estampes. — Très belles épreuves du 1ᵉʳ état avant les numéros.

51. Différents sujets (90-99). — Ancien et nouveau testament. Suite de neuf estampes. — Très belles épreuves (les nᵒˢ 91, 93, 94, 96, 97, sont du 1ᵉʳ état).

52. Le Triomphe de la Vierge (100). — Épreuve du 1ᵉʳ état.

53. L'Apôtre saint Pierre (101). — Belle épreuve.

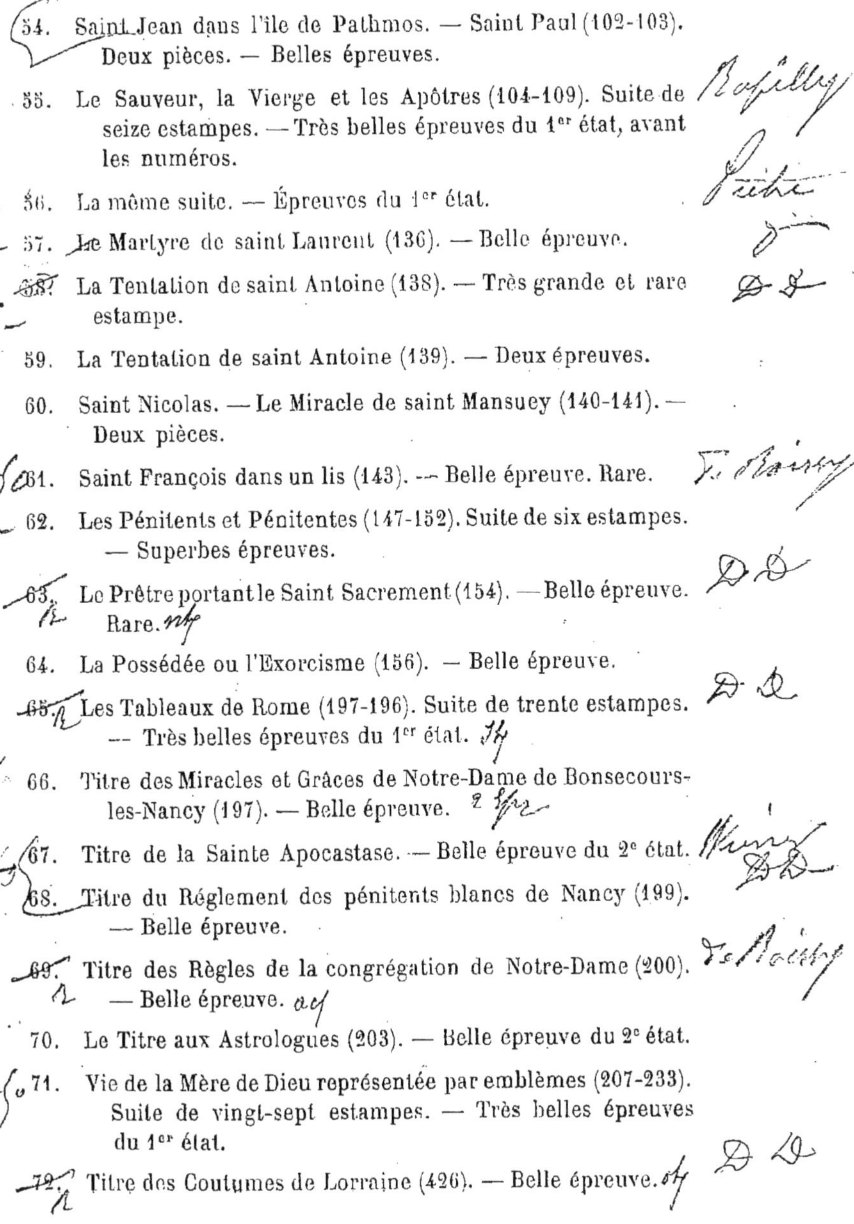

54. Saint Jean dans l'île de Pathmos. — Saint Paul (102-103).
Deux pièces. — Belles épreuves.

55. Le Sauveur, la Vierge et les Apôtres (104-109). Suite de
seize estampes. — Très belles épreuves du 1er état, avant
les numéros.

56. La même suite. — Épreuves du 1er état.

57. Le Martyre de saint Laurent (136). — Belle épreuve.

58. La Tentation de saint Antoine (138). — Très grande et rare
estampe.

59. La Tentation de saint Antoine (139). — Deux épreuves.

60. Saint Nicolas. — Le Miracle de saint Mansuey (140-141). —
Deux pièces.

61. Saint François dans un lis (143). — Belle épreuve. Rare.

62. Les Pénitents et Pénitentes (147-152). Suite de six estampes.
— Superbes épreuves.

63. Le Prêtre portant le Saint Sacrement (154). — Belle épreuve.
Rare.

64. La Possédée ou l'Exorcisme (156). — Belle épreuve.

65. Les Tableaux de Rome (197-196). Suite de trente estampes.
— Très belles épreuves du 1er état.

66. Titre des Miracles et Grâces de Notre-Dame de Bonsecours-
les-Nancy (197). — Belle épreuve.

67. Titre de la Sainte Apocastase. — Belle épreuve du 2e état.

68. Titre du Réglement des pénitents blancs de Nancy (199).
— Belle épreuve.

69. Titre des Règles de la congrégation de Notre-Dame (200).
— Belle épreuve.

70. Le Titre aux Astrologues (203). — Belle épreuve du 2e état.

71. Vie de la Mère de Dieu représentée par emblèmes (207-233).
Suite de vingt-sept estampes. — Très belles épreuves
du 1er état.

72. Titre des Coutumes de Lorraine (426). — Belle épreuve.

73. Titre des Statuts des chevaliers de Saint-Étienne (428). —
Belle épreuve.

74. Portraits de François et de Come II de Médicis, grands ducs
de Toscane (429 et 429 *bis*). — Belles épreuves.

75. Portrait de Donato dell'Antella (430). — Très belle épreuve.

76. Estampes décorant le poème intitulé : *Fiesole distrutta*
(432-433). — Très belles épreuves.

77. Estampes décorant le livre intitulé : *La Tragédie de Soliman*
(434-439). — Très belles épreuves.

78. Pompe funèbre de la reine d'Espagne (440, 42, 43, 44 et 53).
Six pièces.

79. Combat à la Barrière. Planches surnuméraires (490 et 491).
Deux pièces. — Très belles épreuves. Le n° 490 est du 1er état.

80. Combat à la Barrière (493-503). Suite de onze planches. Manquent les n°s 502 et 503. — Très belles épreuves du 1er état.

81. La même suite. — Très belles épreuves.

82. Les mêmes estampes (n°s 491, 93, 97, 98 et 99). Cinq pièces.
— Très belles épreuves du premier tirage tirées en tête
d'un placard. Fort rares en cet état.

83. Portrait de Claude Deruet (505). — Superbe épreuve du
1er état avant la date (à Nancy 1632). Marge.

84. Le même portrait. — Belle épreuve du 2e état.

85. Portrait de De Lorme, médecin (506). — Superbe épreuve
du 1er état. Extrêmement rare.

86. Le même portrait. — Superbe épreuve du 2e état; signée
au verso P. Mariette 1681.

87. Combat de Veillane près de Turin (509). — Très belle épreuve.

88. Siège de Bréda (510). Composition de six planches. — Très
belles épreuves du 1er état avec les légendes typogra-
phiques, en latin, italien, français et espagnol.

89. Siège de La Rochelle (511). Composition de six feuilles. —
Bordures du siège de la Rochelle (512-521). Composition
de dix pièces. Manquent : 1° la bordure latérale à droite,
2° la bordure inférieure (côtés de droite et de gauche.) —
Belles épreuves.

90. Siège du fort de Saint-Martin dans l'île de Ré (522). Composition de six feuilles. — Bordures du siège de Ré. Composition de dix pièces (523-532). Manquent les explications latines (une des bordures latérales). — Belles épreuvres.

91. Le Combat des quatre galères du grand duc (530-533). — Très belles épreuves.

92. Débarquement de troupes (533). — Très belle épreuve du 1er état.

93. La même estampe. — Deux épreuves des 1er et 2e états.

94. Principaux Faits du règne de Ferdinand Ier de Médicis, grand duc de Toscane (534-549). Suite de seize pièces. — Très belles épreuves.

95. La Revue (556). — Très belle épreuve.

96. Les Grandes Misères de la guerre (564-581). Suite de dix-huit pièces. — Superbes épreuves du 2e état.

97. Deux pièces de la même suite. — Rares épreuves du 1er état avant la lettre.

98. Les Petites Misères de la guerre (357-565). Suite de sept pièces. — Très belles épreuves. Petite marge.

99. Les Exercices militaires (582-594). Suite de treize pièces. — Très belles épreuves du 1er état avant les nos.

100. Deux Combats ou Rencontre de cavalerie (595-596). — Très belles épreuves du 1er état, avant les nos.

101. La Rencontre à l'épée (596). — Très rare épreuve du 1er état non décrit avant le nom de Callot.

102. Catafalque de l'empereur Mathias (597). — Très belle épreuve du 2e état.

103. La Grande Thèse (615). — Très belle épreuve du 2e état.

104. La même estampe. — Épreuve du 3e état.

105. Le Grand Rocher (616). — Très belle épreuve.

106. L'Éventail (617). — Superbe épreuve.

107. La même estampe. — Belle épreuve.

108. Le Vaisseau d'artifice (618).

109. La Carrière ou la Rue Neuve de Nancy (621). — Très belle épreuve du 1er état.

110. Parterre ou Jardin de Nancy (622). — Magnifique épreuve du 1er état.

111. La même estampe. — Belle épreuve du 1er état.

112. Le Jeu de boules ou la foire de Goundreville (623). — Superbe épreuve du 1er état, avant le nom de l'artiste. Elle porte à gauche la signature autographe de Callot et au verso : P. Mariette 1665.

113. La même estampe. — Très belle épreuve du 2e état.

114. La même estampe. — Épreuve du 2e état.

115. La Grande Foire de Florence (624). 1re planche. — Très belle épreuve du 2e état.

116. La Grande Foire de Florence (625). 2e planche. — Superbe épreuve du 1er état.

117. La même estampe. Copies par Savery etc. 5 pièces.

118. Les Deux Pantalons (626). — Très belle épreuve.

119. Les Trois Pantalons (627-629). Suite de trois estampes. — Superbes épreuves ; les fonds sont très distincts. Le Cassandre (n° 627) est du premier état.

120. La Tragédie de Soliman (630-632). Suite de trois pièces. — Belles épreuves.

121. Joûtes de Florence (633-635). Suite de trois pièces. — Première fête. — Très belles épreuves du 1er état.

122. Joûtes de Florence (636-640). Suite de cinq pièces. — Seconde fête. — Très belles épreuves. Le n° 637 est du 1er état.

122 bis. Balli ou Cucurucu (641-664). Suite de vingt-quatre pièces. — Superbes épreuves du 1er état, avant les n°s.

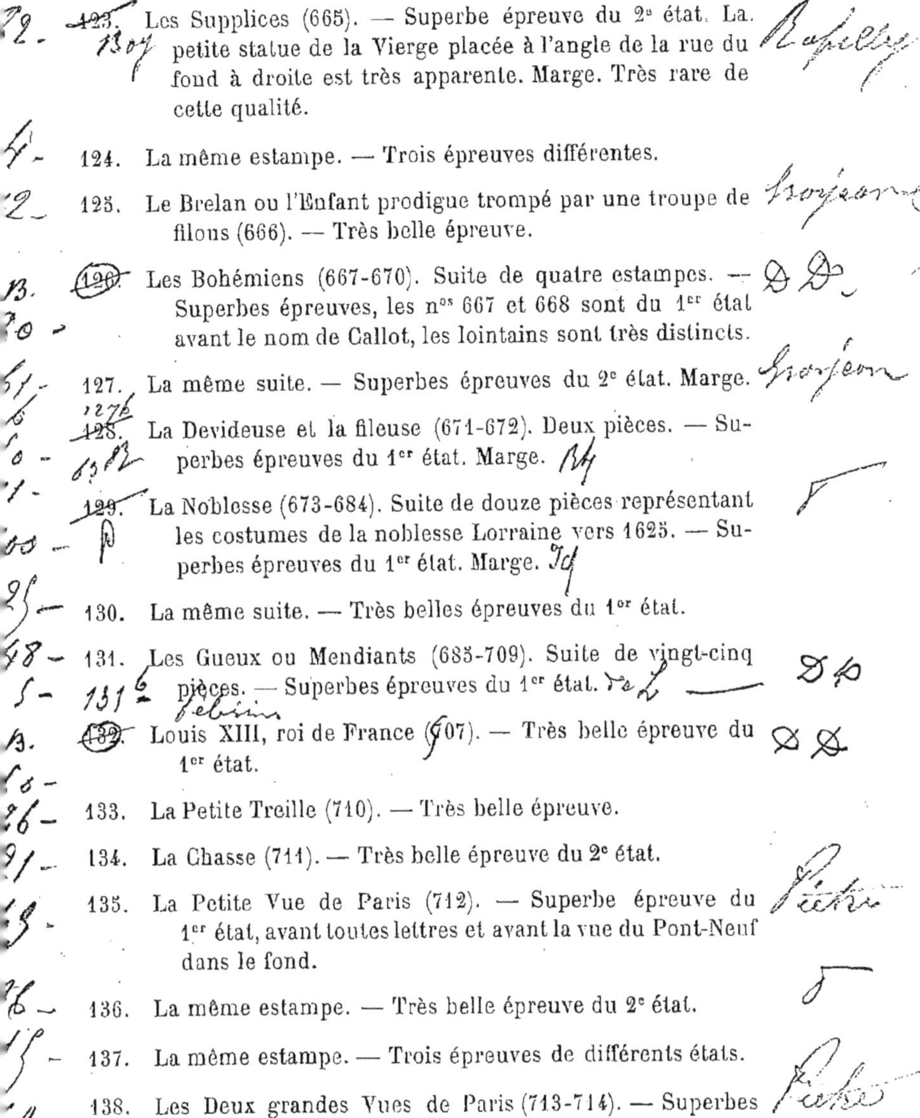

123. Les Supplices (665). — Superbe épreuve du 2ᵉ état. La petite statue de la Vierge placée à l'angle de la rue du fond à droite est très apparente. Marge. Très rare de cette qualité.

124. La même estampe. — Trois épreuves différentes.

125. Le Brelan ou l'Enfant prodigue trompé par une troupe de filous (666). — Très belle épreuve.

126. Les Bohémiens (667-670). Suite de quatre estampes. — Superbes épreuves, les nᵒˢ 667 et 668 sont du 1ᵉʳ état avant le nom de Callot, les lointains sont très distincts.

127. La même suite. — Superbes épreuves du 2ᵉ état. Marge.

128. La Devideuse et la fileuse (671-672). Deux pièces. — Superbes épreuves du 1ᵉʳ état. Marge.

129. La Noblesse (673-684). Suite de douze pièces représentant les costumes de la noblesse Lorraine vers 1625. — Superbes épreuves du 1ᵉʳ état. Marge.

130. La même suite. — Très belles épreuves du 1ᵉʳ état.

131. Les Gueux ou Mendiants (685-709). Suite de vingt-cinq pièces. — Superbes épreuves du 1ᵉʳ état.

132. Louis XIII, roi de France (707). — Très belle épreuve du 1ᵉʳ état.

133. La Petite Treille (710). — Très belle épreuve.

134. La Chasse (711). — Très belle épreuve du 2ᵉ état.

135. La Petite Vue de Paris (712). — Superbe épreuve du 1ᵉʳ état, avant toutes lettres et avant la vue du Pont-Neuf dans le fond.

136. La même estampe. — Très belle épreuve du 2ᵉ état.

137. La même estampe. — Trois épreuves de différents états.

138. Les Deux grandes Vues de Paris (713-714). — Superbes épreuves.

139. Les Quatre Paysages (715-718). — Très belles épreuves.

140. La Pandore (729). — Très belle épreuve.

141. La même estampe. — Belle épreuve.

142. Figures variées (730-746). Suite de dix-sept pièces. — Superbes épreuves du 1er état; la plupart avec remarques.

143. La même suite. — Très belles épreuves avant les nos. Marge.

144. Les Bossus ou Gobbi (747-767). Suite de vingt et une pièces. — Magnifiques épreuves du 1er état.

145. La même suite. — Épreuves de l'édition de Fagnani, imprimées à deux sur une feuille.

146. Les Caprices (768-867). Suite de cinquante pièces. Première suite exécutée à Florence. — Très belles épreuves.

147. Les Caprices (768-867). Suite de cinquante pièces. Deuxième suite exécutée à Nancy. — Très belles épreuves du 1er état avant les nos. Marge.

148. La même suite. — Très belles épreuves avant les nos.

149. Fantaisies (868-881). Suite de quatorze pièces. — Très belles épreuves du 1er état, avec le titre double, avant la lettre.

150. La même suite. — Très belles épreuves du 1er état. Manquent les nos 880 et 881. — Marge.

151. Armoiries de Florence (909). — Armoiries papales (910). — Le Vielleux (919). — Jésus-Christ en prières au jardin des Oliviers (977). — L'Assemblée des Dieux (1001). Six pièces.

152. Les Titans foudroyés par Jupiter (1002). Deux épreuves des 1er et 2e états (152 bis). — L'Éventail (1006). — Titre de l'Analyse du lait (1010). — Études de chevaux et figures au trait (1019). — La Place de Sienne (1034-1037). — Paysages (1039-42,43,45). — Plan d'Orbitello (1094). — Les Deux Femmes assises (1096). Quatorze pièces.

153. Livre de Paysages (1098-1120). Soixante-six pièces des 1er, 2e et 3e états.

— 13 —

154. Suites de Paysages (1121-1186). Soixante-quinze pièces de
différents états.

155. La Quinquengrogne (1176). — Deux épreuves des 1er et
2e états.

156. Paysages dessinés à Florence (1187-1198). Suite de douze
pièces. — Très belles épreuves du 1er état.

157. Paysages gravés par Is. Henriet (1200-1208). 8 p. — Bour-
geoises dans différentes attitudes (1209-1212). 4 p. —
Autre suite (1213-1219). 7 p. Ensemble 19 pièces.

158. Bataille (1370). — Rendez-vous de chasse (1373). — Sujets
de chasse (1374-1379). — Marine (1382). — Sujets dédiés
au duc de Toscane (1384, 86-90). Morceaux gravés pour
la décoration d'un livre (1392), seize pièces.

159. Suite de douze paysages gravés dans le goût de Callot
(M. 1433-1443). — Très belles épreuves.

160. Repas de l'Enfant prodigue (1407). — La Tentation de
saint Antoine (1414). — Autre (1480). — Martyre des
Apôtres, etc. Quarante-trois pièces.

161. Fêtes à Florence gravées par Canta Galina. 7 p. — Batailles navales sur l'Arno. 10 p. Ensemble dix-sept pièces.

162. Costumes de la Noblesse, gravés par Savery. 6 pièces.

163. Cent cinquante-huit pièces. Copies anciennes d'après les
estampes de Callot.

CASA (Nicolas Della).

164. Bandinelli (Baccio), sculpteur italien (R. D. 2). In-fol. — Très
belle épreuve.

165. Médicis (Cosme II de) (R. D. 4). In-fol. — Très belle
épreuve.

166. Portrait de Charles V, d'après le Titien (R. D. 3). Grand
in-fol. — Très belle épreuve.

CHASSERIAU

167. Quatorze compositions gravées à l'eau-forte pour Othello.

CLAUSSIN (J. DE).

168. Études et copies d'après Rembrandt, Berghem, K. Dujardin, Van den Eckhout, de Boissieu, etc. Quarante pièces.

COCHIN (C.-N.).

169. Pompe funèbre de Catherine Opalinska en l'Église Notre-Dame de Paris, le 18 mai 1747. — Pompe funèbre d'Élisabeth-Charlotte de Lorraine, par Gregori 1745. Deux p. grand in-fol.

COLLIGNON (Fr.).

170. L'Asile des Oppressés. — Réjouissance générale des Français touchant la Paix. — Le Char de triomphe consacré à la gloire de Louis XIV, etc. Quatre pièces historiques. — Belles épreuves.

171. Attila d'après Raphaël, les Évangélistes, Livre à dessiner. Portraits. Trente pièces.

172. Cartouches d'après Della Bella. — Facétieuses inventions d'amour et de guerre. Dix-huit pièces.

173. Paysages d'après Della Bella. Trente pièces de différents états.

174. Carrousel fait à Rome, 1635. — Guerre de Flandres, etc. Neuf pièces.

175. Vues d'Angers, Orléans, Saint-Cloud, Saumur, Toul, Toulouse et Tours. Sept pièces d'après Is. Silvestre. — Très belles épreuves.

COLLIN (D.).

176. Vues de Nancy. — Portraits de Stanislas Ier. — Louis, dauphin de France. — J. Girardet, — ex-libris. — Pièces satyriques d'après Gillot. Vingt pièces. — Belles épreuves.

COYPEL (Ant.).

177. Le Christ au roseau, terminé au burin par C. Simonneau.
— Belle épreuve.

DAUPHIN (O.).

178. Le Christ descendu de la Croix. — Les Quatre Éléments
(R. D. 2, 4-7). — Bacchanales, etc. Quatorze pièces. —
Belles épreuves.

DESON (N.).

179. Le Somptueux Frontispice de l'église de Notre-Dame de
Reims. — L'Excellent frontispice de l'église Saint-Nicaise
de Reims. Deux pièces.

180. La Fontaine de Jouvence. — Le Marchand d'Oiseaux. —
Le Marchand de Cerises. — La Foire de Village. Quatre
pièces. — Belles épreuves.

181. Les Joueurs de boules. — Sujets de Saints. Quatre pièces
gravées dans le goût de Callot. — Belles épreuves.

DERUET (C.).

182. Plan de bataille (R. D. 2). — Belle épreuve.

183. La Carrière ou Rue Neuve à Nancy (R. D. 3). — Très belle
épreuve.

DREVET (P.).

184. Nemours (Marie de Savoie, duchesse de), d'après H.
Rigaud. In-fol. — Très belle épreuve.

DUCREUX (d'après).

185. Son portrait. — Turgot. — E. Weirotter. — Le Joueur. —
Le Bâilleur. — Le Rieur. Cinq pièces par Tardieu,
Goulu, etc. — Belles épreuves.

EDELINCK (G.).

186. Rigault (N.), garde de la Bibliothèque du Roi (R. D. 304).
— Très belle épreuve du 1er état, avec une devise sur
l'écusson.

187. Simon (Pierre), célèbre graveur. In-fol. — Superbe épreuve.

FATOURE, FERDINAND ET FOCUS.

188. Les Disciples d'Émaus. — Jeux d'enfants. — Paysages.
Douze pièces.

FRANÇOIS (J.-Cu.).

189. Louis XV, roi de France. — Marie Leczinska. — Louis XVI.
Trois pièces gravées à la sanguine. — Belles épreuves.

190. Denis (Jean-François), trésorier général. — Marguerite-
Claude Denis. Deux portraits gravés à la sanguine. In-4.
— Belles épreuves.

191. Leclair, musicien. — De Monthillet, archevêque d'Auch.
— Stanislas de Lorraine. — François Quesnay. —
Charles-Alexandre de Lorraine. — Comte de Saint-
Florentin. — Joseph Ier de Portugal. Neuf portraits in-8
et in-4.

192. Segur (Marie-Anne), Abbesse de Gif. — Segur (Jean-Ch.),
évêque de Saint-Papoul. Portraits gravés pour Odieuvre,
etc. Douze pièces in-4 et in-8.

193. Portraits de savants, divers sujets, etc. Vingt-neuf pièces
en noir et à la sanguine.

194. Portraits de savants. — Petites Allégories. Soixante pièces
in-4 à la sanguine.

FRATREL (J.).

195. Son œuvre gravé à l'eau-forte. Vingt et une pièces de
différents états.

FERDINAND (P.).

196. Portrait de N. Poussin, d'après V. E. In-fol. — Très belle épreuve.

GANTREL (Et.).

197. Barentin (Ch.). — Gué de Bagnols (D.-L. du). Deux portr. in-fol. — Très belles épreuves.

198. Berryer (Louis). — Maignart (Et.). — Turgot (Jac.). — Serroni (H.). Quatre portr. gr. in-fol. — Belles épreuves.

199. Bourbon (Louis III de), petit fils du Grand Condé, d'après L. Dart. In-fol. — Très belle épreuve.

200. Camilly (Fr. de), évêque de Toul. — La Ramonerie (Jacques), chanoine de Cambrai. Deux portr. in-fol. — Belles épreuves.

201. Chevallier (Jacques), secrétaire du Roi. Deux différents portraits. — Très belles épreuves.

202. Hervault (J. d'), archevêque de Tours. — Girard (Ant.), évêque de Poitiers. Deux portr. in-fol. — Très belles épreuves.

203. La Meilleraye (Paul-Jules de La Porte, duc de), d'après Bon de Boulogne. In-fol. — Très belle épreuve.

204. La Porte (Joseph de), président du Parlement de Metz. Gr. in-fol. — Très belle épreuve.

205. La Vergne de Tressan, évêque du Mans. — Rochechouart (G. de), évêque d'Arras. — Catherinot (N.). Marie de Jésus. — Antoinette de Jésus. — B. Portu. Jacques, prince de Galles. Sept portr. in-4 et in-8. — Belles épreuves.

206. Lemoyne (Alph.), docteur en théologie. — Bruneau (Ant.), président au Parlement de Tournai. — Gantrel (Et.), par Sarrabat, etc. Cinq portr. in-fol. — Belles épreuves.

207. Louis, dauphin de France. Gr. in-fol. — Superbe épreuve.

208. Miramion (Mme de). In-8. — Superbe épreuve avant la lettre.

209. Moreno (Ric.). — Lemoyne (A.). — Pavillon (N.). — Teissier (E.). Quatre portr. in-fol. — Belles épreuves.

210. Pisani (Et.). — Portu (B.). — Garnier (J.) etc. Six portr. in-fol. et in-4°.

211. Rancé (Henri de), gouverneur de Marseille. In-8. — Superbe épreuve avant la lettre.

212. Tourville (Anne-Hilarion de Cotentin de), amiral de France, d'après Ménard. In-fol. — Belle épreuve.

213. Deux frontispices pour thèses avec les portraits de Louis XIV. Gr. in-fol. — Belles épreuves.

GELLÉE (Claude), dit LE LORRAIN.

214. La Fuite en Égypte (R. D. 1). — Belle épreuve.

215. L'Apparition (2). — Très belle épreuve du 1er état.

216. Le Passage du gué (3). — Belle épreuve du 1er état.

217. La Tempête (5). — Très belle épreuve du 3e état, avant le n° et avant l'inscription *Cl. Inv.* au milieu de la marge du bas. Rare.

218. La même estampe. — Épreuve du 4e état.

219. La Danse au bord de l'eau (6). — Superbe épreuve ; les bords de la planche sont raboteux.

220. La même estampe. — Très belle épreuve.

221. Le Naufrage (7). — Très belle épreuve.

222. Le Bouvier (8). — Très belle épreuve ; elle est légèrement rognée tout autour.

223. La Danse sous les arbres (10). — Superbe épreuve. Petite marge.

224. La même estampe. — Très belle épreuve.

225. Le Port de mer au fanal (11). — Très belle épreuve.

226. Scène de brigands (12). — Très belle épreuve.

227. La même estampe et la contre-épreuve. 2 pièces.

228. Le Port de mer à la grosse tour (13). — Très belle épreuve.

229. Le Départ pour les champs (16). — Belle épreuve.

230. Mercure et Argus (17). — Belle épreuve du 1ᵉʳ état.

231. Le Troupeau en marche par un temps orageux. — Très belle épreuve du 1ᵉʳ état.

232. La même estampe. — Belle épreuve du 1ᵉʳ état.

233. Le Chevrier (19). — Belle épreuve. Grande marge.

234. Le Temps, Appollon et les Saisons (20). — Très belle épreuve du 1ᵉʳ état.

235. Berger et Bergère conversant (21). — Premier état à l'eau-forte pure.

236. La même estampe. — Très belle épreuve du 2ᵉ état.

237. La même estampe. — Deux épreuves des 4ᵉ et 5ᵉ états.

238. L'Enlèvement d'Europe (22). — Rare épreuve antérieure au premier état décrit, tirée avant que la morsure de l'étau, dans la marge du bas, ait été effacée.

239. Le Campo-Vaccino (23). — Très belle épreuve avant les initiales Cl. I. sur le terrain au bas de la gauche.

240. Le Pâtre et la bergère. — Les Trois Chèvres. — Les Quatre Chèvres (25-27). Trois pièces.

241. Les Deux Paysages. — La Femme assise. — L'Arabesque (40-43). Trois pièces.

242. Son Œuvre, nᵒˢ 1 à 15, 17, 20, 21, 22, 23, 24, etc. Quarante pièces de différents tirages.

GELLÉE (d'après Cl.).

243. Différentes Vues de mer gravées par D. Barrière (R. D. 185-189). Cinq pièces. — Très belles épreuves du 1ᵉʳ état.

244. Beautés, d'après Claude Lorrain, par différents graveurs
anglais et autres. Trente-deux pièces avant et avec la
lettre.

245. Paysages gravés par J.-J. de Boissieu. Trois pièces. — Belles
épreuves.

246. Le Grand Pont, gravé par W. Woollett. — Très belle
épreuve avant la lettre.

247. Le Temple d'Appollon. — Les Édifices romains en ruines.
Deux pièces gravées par W. Woollett. Deux pièces. —
Belles épreuves.

248. Le Château enchanté. — La Danse sous les arbres. — Port
de mer à la tour. Quatre pièces gravées par Vivarès et
Lowry. — Belles épreuves avant la lettre.

249. Le Soir. — Embarquement de sainte Ursule. — Vue du
Po en Italie. — La Danse des Bergers, etc. Six pièces
gravées par Byrne, Fittler, Masson et Vivarès. — Belles
épreuves.

250. Paysages et vues d'Italie gravés par Frommet, Haldenwang, Parboni et Volpato. Huit pièces.

251. Grands et moyens paysages et vues gravées par Canot,
Haldenwang, Vivarès, Wilson, etc. Dix-neuf pièces.

GELLÉE (J.).

252. La Profession du Médecin et la manière dont on le traite
pendant le cours de la maladie. Suite de quatre estampes. — Rares.

GHEYN (J. DE).

253. Henri IV, roi de France, jeune. In-8. — Très belle
épreuve.

GIFFART (P.).

254. Dom Mabillon. — Antoine Perrier. — Bart. Giavarina.
Trois portraits in-fol. et in-8. — Belles épreuves.

GRANDVILLE (d'après).

255. Sujets pour les Fables de La Vallette. Vingt-cinq pièces. Épreuves d'essai.

GRANTHOMME (J.).

256. Henri III, roi de France. In-8. — Très belle épreuve.

HERPIN ET AUTRES.

257. Vues de Nancy. — Portraits. — Sujets divers. Vingt pièces gravées à l'eau-forte.

INGRES (par et d'après J.).

258. L'Odalisque. — Son portrait par Calamatta. — Stratonice, par Flameng. Quatre pièces. — Belles épreuves.

ISABEY (J.).

259. Portrait de Madame Dugazon, gravé par Monsaldy. — Très belle épreuve imprimée en couleur.

260. Portraits de Mlle Levert. — Madame d'Osmont. — Denon. — Grétry. — Isabey fils. — Essais lithographiques, etc. Vingt pièces gravées et lithographiées.

ISABEY (d'après).

261. Le Chat désiré. — Le Nid de fauvette. — Le Coup de vent. Trois pièces gravées par Copia. — Belles épreuves.

JACQUART et LE PRINCE.

262. Batailles. — Paysages. Onze pièces gravées à l'eau-forte.

LADAME (G.).

263. 264. Briseville (Hugues), maître serrurier à Paris. Curieux portrait avec encadrement de feuillages, in-fol. — Belle épreuve.

264. Portraits de Briseville. — Ab. Faber. — Duc de Villeroy.
— Duc d'Enghien. — Les Apôtres. — Titres de livres.
Quatorze pièces.

LAFLEUR (N.-G.).

265. Son portrait, gravé à l'eau-forte. In-4. — Études de fleurs.
Sept pièces. — Belles épreuves.

LA HYRE (L.).

266. Sujets religieux, de mythologie. — Paysages, etc. Vingt-
quatre pièces.

LANDRY (P.).

267. La Réception du Grand Dauphin dans la confrérie du Ro-
saire, d'après Cl. Stella. — Très belle épreuve.

LASNE (M.).

268. La Vallette (Bernard, duc de) à cheval. Dans le fond la vue
de Metz. Gr. in-fol. — Très belle épreuve.

268 bis. La même estampe. — Épreuve postérieure avec le nom
de Henri IV et l'adresse chez Fietta à Strasbourg.

269. Autriche (Anne d') reine de France. — Philippe d'Orléans
par Van Schuppen. — J. Nocret, par Suzanne Silvestre.
Trois portr. in-fol. — Belles épreuves.

LAURENT (P.).

270. Le jeune Désilles à l'affaire de Nancy (31 août 1790). —
Belle épreuve.

LECLERC (Jean).

271. Repos en Égypte, d'après C. Saracena. — Deux épreuves
des 1er et 2e états.

272. La Mort de la Vierge, Repos en Égypte, d'après C. Saracena, etc. Cinq pièces. — Belles épreuves.

SÉBASTIEN LECLERC.

273. Son œuvre, réuni dans cinq portefeuilles grand in-folio, contient 3842 pièces classées d'après la description du Catalogue de *Jombert*. (Paris 1774, 2 vol. in-8.)

Voir aussi : SÉBASTIEN LECLERC et son œuvre par *Édouard Meaume* (Paris, Baur et Rapilly, 1877, 1 vol. in-8.)

Cet œuvre, l'un des plus complets qui aient été formés, contient un grand nombre de pièces rares de différents états et avant la lettre. On y remarque spécialement :

Les portraits de l'auteur, par Cl. Duflos et Et. Jeaurat, 1er et 2 états ; Portrait du Maréchal de La Ferté (J. n° 58) ; La Grande Destruction de Lustucru (68) ; Divers États et conditions de la vie Humaine, suite de 20 pl. (70) ; Les Tireurs de Nantes à l'arquebuse (86) ; Devises pour les Tapisseries du Roi, 33 pl. (88) ; Louis XIV et Colbert visitant le jardin d'histoire naturelle (101) ; Mausolée du chancelier Séguier (105) ; Livres de Paysages, 12 pl. (107) ; Représentation des machines qui ont servi à élever les deux grandes pierres du fronton du Louvre (132) ; Divers Dessins de figures, 30 pl. (150) ; Conversations, par Mlle de Scudéry, 4 pl. (165) ; Fables d'Ésope, 23 pl. (170) ; Monnaies et médailles historiques, 148 pl. (176) ; Le Mai des Gobelins (191) ; Allégorie à la louange de Louis XIV (195) ; Les Figures à la mode, 21 pl. (205) ; L'Invocation à l'imitation des Saints, 379 pl. (211) ; Les grandes Conquêtes du Roi, 28 pl. (212) ; La Vie des Saints, 64 pl. (222) ; Esther (224) ; Apothéose d'Issis (236) ; La Petite Vénus (235) ; Vues des faubourgs de Paris, 12 pl. (244) ; Le Passage d'Issaye (245) ; Siège de Mons (246) ; Forteresse de Montmélian (247) ; Cérémonie de la prestation de serment entre les mains du Roi (250) ; La Multiplication des pains (251) ; La Galerie de l'Hôtel royal des Gobelins, 6 pl. (257) ; Paysages dédiés à Monseigneur le duc de Bourgogne, 61 pl. (258) ; Vignettes pour l'histoire de l'abbé Genest (260) ; Catafalque de Charles XI, roi de Suède (261) ; Allégorie sur le mariage du duc de Bourgogne (262) ; L'Académie des Sciences (263) ; Deux

Plafonds pour un hôtel bâti à Stockholm (268) ; Médailles sur les principaux événements du règne de Louis XIV, 286 pl. (280) ; Guérison d'Hippolyte (281) ; L'Entrée d'Alexandre dans Babylone (285) ; Quatre petites Muses (242) ; Le Prophète Élie (295) ; La Grande procession des chevaliers de l'ordre du Saint-Esprit (304) ; Histoire de l'Amour et de Psyché (307) ; Le Cabinet de M. Leclerc (310) ; Grand nombre de pièces sur l'histoire naturelle, etc., etc.

Onze dessins originaux, à la plume et à la sanguine, représentant des sujets de la Bible. Ornements, costumes. Vue du parterre de Nancy, etc.

LE MUD (A. DE).

274. Maître Wolfframb. — Les Maraudeurs. - Enfance de Callot. — Sujets pour l'artiste. Dix-sept pièces lithographiées.

LE PRINCE (J.-B.).

275. Son œuvre. Cent dix pièces en différents états à l'eau-forte, avant et avec la lettre.

LERPINIÈRE (D.).

276. Paysage représentant un sacrifice au Veau d'or, d'après Claude Lorrain. — Très belle épreuve.

LEU (TH. DE).

277. Henri II. — Catherine de Médicis. — Charles IX. — Duc d'Anjou. — Princesse de Conti. — Gab. d'Estrées. — Prince de Condé. Sept portraits in-8.

278. Bourbon (Charles de), connétable. In-8. — Belle épreuve avant la retouche.

LEYDE (L. DE).

279. Adam et Eve fugitifs (B. 11). — Belle épreuve.

MARIAGE (L.).

280. Saint-Simon (Louis duc de), d'après Vanloo. In-8. — Belle épreuve.

MARTINET (Th.).

281. Vignettes pour la Dunciade. Sept pièces. — Belles épreuves.

MASSON (Ant.).

282. Lorraine (Henri de), comte d'Harcourt, d'après Mignard (R. D.). — Très belle épreuve avec marge.

283. Le même portrait. — Très belle épreuve.

MELIN (Ch.) et autres.

284. Sujets religieux, etc. Douze pièces gravées à l'eau-forte.

MERCURY (P.).

285. Les Moissonneurs, d'après L. Robert. — Très belle épreuve d'artiste avant le nom de l'imprimeur.

286. Sainte Amélie, d'après P. Delaroche. — Belle épreuve, sur chine.

MOITTE (P.-E.).

287. Duhamel (Louis), inspecteur de la marine. — J. Restout, peintre. Deux portraits in-fol. — Belles épreuves.

MONTAGNE ou PLATE-MONTAGNE (M.).

288. Marines. — Paysages. Quarante-sept pièces. — Épreuves de différents états.

MORIN (J.).

289. Anne d'Autriche, reine de France, d'après Ph. de Champaigne. In-fol. — Très belle épreuve.

290. Louis XIII, roi de France, d'après Ph. de Champaigne. In-fol. — Très belle épreuve.

NANTEUIL (R.).

291. Beaufort (François de Vendôme, duc de), d'après J. Nocret (R. D. 33). — Très belle épreuve du 1er état.

292. Charles II, duc de Mantoue (R. D. 62). In-fol. — Belle épreuve.

293. Gonzague (Louise-Marie de), reine de Pologne (R. D. 164). In-fol. — Très belle épreuve.

294. Savoye (Marie-Jeanne-Baptiste de), duchesse de Savoye (R. D. 169). — Très belle épreuve du 1er état.

295. Mazarin (Jules), cardinal (R. D. 175). — Très belle épreuve du 1er état.

296. Savoye (Henri de), duc de Nemours (R. D. 198 et 199). — Belles épreuves du 1er état.

297. Nemours (Anne-Marie d'Orléans-Longueville, duchesse de). In-8 (R. D. 200). — Superbe épreuve.

298. Hesselin (L.), Lamoignon, Scudéry, etc. Sept portr. in-fol. et in-8.

NOCRET (J.).

299. Les Hommages du petit saint Jean. — Portrait de Nocret par S. Silvestre. In-fol. Deux pièces. — Belles épreuves.

PERELLE.

300. Vues de Paris, des châteaux royaux et autres. Quatre-vingt-seize pièces. Belles épreuves.

PÉRIGNON (N.).

301. Divers paysages dessinés et gravés d'après nature. Quarante-sept pièces. Anciennes épreuves.

POUSSIN (d'après N.) *par* PESNE (J.).

302. Portrait de N. Poussin, d'après lui-même (R. D. 5). — Très belle épreuve du 2° état.

303. Portrait de N. Poussin (R. D. 6). — Très belle épreuve du 1er état, non décrit, avant les contretailles sur l'un des plis du manteau à droite.

304. La même estampe. — Belle épreuve avant l'adresse d'Audran.

305. La Vierge et l'Enfant Jésus (7). — Très belle épreuve du 2° état.

306. La Vierge, l'Enfant Jésus et le petit saint Jean (8). — Très belle épreuve du 1er état.

307. Sainte Famille (9). — Très belle épreuve du 1er état.

308. L'Assomption (11). — Belle épreuve du 2° état.

309. Le Ravissement de saint Paul. — Superbe épreuve du 1er état, avant *Leblond er. C. P. R.* et avant beaucoup de travaux.

310. La même estampe. — Belle épreuve avant divers travaux.

311. La Charité romaine (13). — Belle épreuve.

312. L'Évanouissement d'Esther (14). — Très belle épreuve du 1er état, dite au talon blanc.

313. La même estampe. — Belle épreuve avant l'adresse de Vallet.

314. L'Adoration des bergers (15). — Superbe épreuve du 1er état.

315. La Grande Sainte Famille servie par les anges (16). — Très belle épreuve avant l'adresse de Vallet.

316. La Samaritaine. — Belle épreuve avant l'adresse de Malbouré.

317. Le Christ mort étendu près du sépulcre (18). — Très belle épreuve du 1er état, avant nombre de travaux.

318. La Mort de Saphire (19). — Belle épreuve du 1er état.

319. Le Testament d'Eudamidas (29). — Très belle épreuve du
1er état, avant les contretailles sur la hampe de la lance.

320. La même estampe. — Belle épreuve.

321. Le Triomphe de Galathée (30). — Superbe épreuve du
1er état, avant la draperie sur la nudité de Galathée.

322. La même estampe. — Très belle épreuve du 2e état.

323. Les Sept Sacrements (20-26). Suite de sept grandes estampes. — Belles épreuves du 1er état, avant l'adresse
d'Audran.

324. Les mêmes estampes. Cinq pièces du 1er état.

PAR DIVERS GRAVEURS

325. Jacob et Laban, par un graveur inconnu. *A Paris, chez P.
Mariette.* — Très belle épreuve.

326. Éliézer et Rebecca, par Desnoyers. — Belle épreuve.

327. Moïse sauvé des eaux, gravé par Cl. Stella. — Très belle
épreuve.

328. Moïse sauvé des eaux. Trois différentes compositions gravées par J. Mariette, A. Loir et Rousselet. — Belles
épreuves.

329. Moïse frappant le rocher. — Le Passage de la mer Rouge.
Trois pièces gravées par Cl. Stella, Baudet et Gantrel.

330. Le Jugement de Salomon. — Le Serpent d'airain. Deux
pièces gravées par Baudet et François de Poilly. — Belles
épreuves.

331. Le Jugement de Salomon. — Moïse frappant le rocher. —
Le Veau d'or. — La Manne dans le désert. Quatre pièces
gravées par Gantrel, Cl. Stella, Baudet et Chasteau. —
Belles épreuves.

332. Le Veau d'or. — Le Serpent d'airain. — La Peste d'Éaque.
Quatre pièces gravées par J. de Poilly, Gantrel, Et.
Picart et J. Baronius. — Belles épreuves.

333. Ainsi se doit fléchir la colère et l'orgueil. — Enlèvement
de Pyrrhus. Deux grandes estampes gravées par G.
Audran.

334. L'Adoration des bergers. — L'Adoration des Mages. Quatre
pièces gravées par Vallet, Hainzelman, Nolin.

335. La Fuite en Égypte. — Le Baptême de Jésus. — La Des-
cente de Croix, etc. Cinq pièces gravées par P. del Po.
— Belles épreuves.

336. Sainte Famille, par Cl. Stella. — Très rare épreuve avant
la lettre.

337. Sainte Famille, par Cl. Stella. Deux différentes compositions. — Belles épreuves.

338. Sainte Famille, par de Poilly. — Très rare épreuve non
terminée.

339. La même estampe. — Très belle épreuve.

340. Sainte Famille, par de Poilly, Cl. Stella, Natalis, etc. Sept
pièces. — Belles épreuves.

341. Jésus et la Femme adultère, par G. Audran. — Très belle
épreuve avant les points dans la marge à droite.

342. Jésus guérissant les Aveugles, Résurrection de Lazare,
Sainte famille. Quatre pièces gravées par Chasteau,
Cl. Stella et Dughet. — Belles épreuves.

343. La Cène, par P. Lombart. — Très belle épreuve du 1er état,
avec l'adresse de Lombart.

344. La Passion de Jésus-Christ. Suite de quatorze estampes,
par J. Stella. — Belles épreuves.

345. Jésus en croix entre les deux Larrons. Grande composition gravée par Cl. Stella. — Belle épreuve.

346. Martyre de saint Étienne, d'après E. Lesueur, par G. Audran. — Belle épreuve.

347. Sainte Françoise. — Enlèvement de saint Paul, etc. Cinq
pièces par Audran et autres. — Belles épreuves.

348. Saint Jean-Baptiste baptisant les Pharisiens, par G. Audran. — Très belle épreuve.

349. Martyre des saints Gervais et Protais, d'après E. Lesueur,
par G. Audran. — Très belle épreuve.

350. Narcisse métamorphosé en fleur. — L'Empire de Flore.
— Ethera mère de Thésée. — Bacchanale. —Danse des
Heures. — Renaud et Armide. Sept pièces gravées par
G. Audran, Baudet, Ravenet, Chasteau, etc. — Belles
épreuves.

351. Bacchanale. — Fête de Bacchus. — Mars et Vénus, etc.
Cinq pièces gravées par Henriquez, Lips, etc. — Belles
épreuves.

352. L'Enlèvement des Sabines. — La Clémence d'Alexandre
— Le Parnasse. — Naissance de Bacchus. —Jupiter
nourri par la Chèvre Amalthée, etc. Dix pièces gravées
par Baudet, Audran, Dughet, etc. — Belles épreuves.

353. Les Quatre Saisons, par J. Audran. — Belles épreuves du
1er état.

354. Grands Paysages gravés par Ét. Baudet. Huit pièces. —
Belles épreuves.

355. Petits Paysages gravés par Louis Châtillon. Six pièces. —
Belles épreuves.

POILLY (Fr.).

356. Louis XIV jeune, d'après Mignard et F. Georges. Deux
portr. in-8. — Belles épreuves.

357. Philippe d'Orléans, d'après J. Nocret. In-fol. — Superbe
épreuve.

358. Le même personnage par Fr. Poilly et Van Schuppen.
Trois portr. in-fol. — Belles épreuves.

RADOS (L.).

359. Napoléon à la Malmaison, d'après Isabey. Gr. in-fol. —
Belle épreuve.

ROUSSEAUX (E.).

360. Portrait de Madame de Sévigné, d'après Nantouil. In-fol.
— Très belle épreuve.

SAUVÉ (J.).

361. Philippe de France. — Henriette d'Angleterre sa femme, d'après J. Nocret. Deux portraits grand in-fol. — Belles épreuves.

SAVART (P.).

362. Montesquieu (Charles de Secondat de). In-8. — Très belle épreuve.

SCHUPPEN (P. VAN).

363. Sainte Famille, d'après S. Bourdon. — Saint Louis de Gonzague, etc. Trois pièces. — Belles épreuves.

364. Alexandre VII, pape, d'après Mignard. In-fol. — Superbe épreuve.

365. Arnauld (la Mère Angélique) abbesse de Port-Royal. — Germain (Mme).Deux portraits. — Très belles épreuves.

366. Barbot (Siméon). — Langlois (Paul). — La Reynie (G. de). — M. Letellier. Quatre port. in-fol. — Belles épreuves.

367. Borri, chimiste de Milan, d'après von Oven. In-fol. — Très belle épreuve.

368. Bourlemont (Charles de), archevêque de Toulouse, d'après Ferdinand. — Eustache Teissier. — Barcos (Martin). Trois portr. in-fol. — Très belles épreuves.

369. Braux (Ignace de), marquis d'Anglure. — Caumartin (Lefèvre de). — Langlois (Paul), maître-d'hôtel du Roi. Trois portr. in-fol. — Belles épreuves.

370. Courtenay (Anne de), dame de Rosny et de Bontin. In-fol. — Très belle épreuve. Grande marge, collections Camberlyn et Béhague.

371. Delahaye (François), docteur-médecin. — Hindret (Jean), conseiller du roi. — Pontis (Louis de). — Fromentières (Louis de), évêque d'Aire. Quatre port. in-8 et in-4. — Très belles épreuves.

372. Deshoulières (Mme), d'après Mlle E. Cheron. In-8. — Très belle épreuve.

373. Este (Rainaud, cardinal d'). — Très belle épreuve. Marges.

374. Harouys (Guil.), sieur de la Seilleraye, d'après F. de Troy. In-fol. — Très belle épreuve. Rare.

375. Houel (Charles de), d'après Van Mol. In-fol.

376. La Gardie (Gabriel de), chancelier suédois. In-fol. — Très belle épreuve avant la lettre.

377. La Reynie (G. de), d'après Mignard. In-fol. — Superbe épreuve.

378. La Vic (Gab. de). — Urfé (H. d'). — L. Thomassin. — G. Thomassin. — P. Natalis. Cinq port. in-fol. — Belles épreuves.

379. Le Camus (N.). In-fol. — Très belle épreuve avant que la dédicace ait été effacée et avec l'année 1678.

380. Le Maistre de Sacy (Louis). — Letellier (Charles-Maurice). — Marco (Pierre de). — Ligny (D. de). Quatre port. in-fol. — Très belles épreuves.

381. Le Tellier (Michel), chancelier de France, d'après Nanteuil. In-fol. — Superbe épreuve.

382. Le Tellier (François-Michel), marquis de Louvois, d'après Ch. Lefebvre. In-fol. — Superbe épreuve.

383. Louis XIV, jeune, d'après Vaillant. In-fol. — Très belle épreuve. Grande Marge.

384. Louis XIV, d'après Mignard. In-fol. — Très belle épreuve.

385. Louis, dauphin de France, d'après Fr. de Troy. Gr. in-fol. — Superbe épreuve du 1er état, avant les médaillons dans les angles.

386. Mazarin (Jules), cardinal, d'après P. Mignard. In-fol. — Très belle épreuve.

387. Maximilien-Henri, archevêque de Cologne. Gr. in-fol. — Très belle épreuve.

388. Orléans (Philippe d'), d'après C. Lefebvre. Gr. in-fol. — Très belle épreuve; les quatre fleurs de lys des angles sont couvertes d'encre.

389. Orléans (Philippe d'), d'après J. Nocret. In-fol. — Superbe épreuve.

390. Péréfixe (J. Hardouin de), archevêque de Paris, d'après C. Lefebvre. In-fol. — Très belle épreuve.

391. Pithou (François et Pierre). — Pinson (Fr.). — Verjus (Jean). Quatre portr. in-fol. — Belles épreuves.

392. Seguier (Pierre), chancelier de France, d'après Lebrun. In-fol. — Superbe épreuve.

393. Simianes (Armand de). — Pierre Seguier. — François Villani. — Louis Thomassin. Quatre portr. in-fol. — Belles épreuves.

394. Vander Meulen (Fr.), peintre, d'après Largillière. — La Seiglière (Joachim de). Deux portr. gr. in-fol.

SILVESTRE (Israel).

395. Profil de la ville de Metz, vue du côté de la porte Mazel. Grande estampe en deux feuilles. — Très belle épreuve.

396. Vue de la ville de Nancy. Grande estampe en deux feuilles. — Très belle épreuve.

397. Vues de Marsal, Montmédy, Stenay, Toul, Verdun, château de Jametz. Six pièces. — Très belles épreuves.

398. Différentes vues de Nancy. Trente-huit pièces.

SILVESTRE (C.-F.) et autres.

399. Différents Habillements des Turcs. Dédiez à Monseigneur le duc de Bourgogne. Suite de 26 pl. un vol. in-4 cart.

SIMON (P.).

400. Amprou (J.), intendant des finances. Gr. in-fol. — Superbe épreuve.

401. Bailly (Guill.). — Godet, (Paul de), évêques de Chartres.
Deux portr. in-fol. — Belles épreuves.

402. Bonzy (P. de), archevêque de Narbonne, d'après F. Vouet.
Gr. in-fol. — Superbe épreuve.

403. Hotman (Vincent). — Oliva (Jean-Paul), général des Jé-
suites. Deux portr. in-fol. — Belles épreuves.

404. Jacques III, roi d'Angleterre. In-12. — Très belle épreuve
avec marge. Rare.

405. La Seiglière (Joa de), d'après P. Mignard. Gr. in-fol. —
Superbe épreuve.

406. Louis XIV, roi de France, d'après Ch. Lebrun. Gr. in-fol.
— Superbe épreuve.

407. Louis Dauphin de France. Gr. in-fol. — Très belle
épreuve.

408. Mecklenbourg (Christian, duc de), d'après C. Perrin. Gr.
in-fol. — Superbe épreuve.

409. Orléans (Anne-Marie-Louise d'), duchesse de Montpensier.
Gr. in-fol. — Très belle épreuve.

410. Pallu (Fr.). — Raguier de Poussé. Deux portr. gr. in-fol.
— Très belles épreuves.

411. Ranus (cardinal). Gr. in-fol. — Superbe épreuve du 1er état,
avant la lettre.

412. Le même portrait. — Très belle épreuve.

SPIERRE (Fr.).

413. Grande Thèse en deux feuilles dédiée à Marc Buratti 1665.
— Belle épreuve.

414. Grande Thèse en deux feuilles, dédiée à Louis de Médicis.
— Belle épreuve.

415. Alexandre VII. — Clément IX. — Ferdinand III de Médicis. — Ant. Caraccius, etc. Neuf portraits in-fol. —
Belles épreuves.

416. Sujets religieux, allégories; d'après P. de Cortone, le
Bernin, Fr. Mola etc. Trente pièces.

STELLA (J.).

417. Cérémonial de la présentation des tributs au grand-duc
de Toscane (R. D. 5). — Très belle épreuve du 1er état,
avant le privilège et avant les adresses. Rare.

418. Romulus et Rémus allaités par une louve, d'après Amb.
Stella. — Très belle épreuve.

419. Thèse de Jean Dupuis, dédiée à Harlay de Chauvallon,
archevêque de Paris. — Belle épreuve.

STELLA (Claudine).

420. Portraits de Jacques Stella. — Sainte-Famille. — Sujets
religieux, etc. Dix-sept pièces. — Belles épreuves.

421. Les Mois de l'année. — Les Saisons. Suite de seize pièces.
— Belles épreuves.

422. Les Jeux et plaisirs de l'enfance. Suite de cinquante petites
pièces. — Très belles épreuves.

SUYDERHOEF (J.).

423. Portraits des princes d'Orange, d'après G. Hondthort. Six
pièces in-fol. — Belles épreuves.

THÉODORE.

424. Son œuvre. Suite de vingt-huit paysages d'après Fr. Millet
(R. D. 1-28). Cinquante pièces de différents états. — Rare.

THOMASSIN (Ph.).

425. Combat des Tritons, d'après B. Passarini. Grande composition pour un pafond. — Très belle épreuve.

THOURNEYSER (J.).

426. Portrait de Millot, comédien, en pied, d'après C. Dauphin.
In-fol. — Belle épreuve.

427. Saint Joseph. — Frontispices de livres. Trois pièces.

TORTEBAT (Fr.).

428. Mort de sainte Madeleine, d'après S. Vouet (B. D. 8). — Belle épreuve.

TRÉMOLIÈRE.

429. Le Baptême. — La Confirmation. Deux pièces gravées à l'eau-forte. — Très belles épreuves du 1er état, avant la lettre.

TROUVAIN (Ant.).

430. Harlay de Chanvalon, archevêque de Paris. Gr. in-fol. — Belle épreuve.

431. Pesne (Jean), célèbre graveur. — Jouvenenet (Jean), peintre. Deux portr. in-fol. — Belles épreuves.

432. Savoye (Marie-Jeanne-Baptiste, duchesse de). In-8. — Belle épreuve.

433. Roville (Pierre). — Bordelon (L.). — Le Pelletier (J.). — Du Buc (Al.). Quatre portr. in-fol. et in-4. — Très belles épreuves.

VALLET (P.).

434. Son portrait, gravé par lui-même 1608. In-8. — Très belle épreuve.

435. Le même personnage. — Jean Robin, importateur de l'Accia. Deux portr. in-8. — Belles épreuves.

VALLÉE (A.).

436. Portraits de Louis de Lorraine. — Guillemeau (J.), chirur-gien. — Plan de Villefranche. — Judith. — Sujets religieux etc. Dix pièces.

VIEN (Jos..)

437. Loth et ses filles. — Bacchanales. Cinq pièces gravées à l'eau-forte. — Belles épreuves.

VOUILLEMONT (L.).

438. Marsillac de Creusy (Sil.), évêque de Mende. — La Roverre (Julie de). Deux portr. in-fol. et in-4. — Très belles épreuves.

VUIBERT (R.).

439. Martyre de saint André, d'après le Dominicain. — Le Massacre des Innocents. — Les Vertus, d'après Raphaël, etc. Dix-sept pièces. — Belles épreuves.

WOEIRIOT (P.).

440. Phalaris. — La Femme d'Annibal, etc. (R. D. 205 et 206). Deux pièces. — Très belles épreuves.

441. Portrait de Fr. Duaren, jurisconsulte (R. D. 282). In-8. — Belle épreuve.

442. Du Chastelet (Pierre), évêque de Toul (R. D. 283). In-8. — Ancienne épreuve.

WYNGAERDE (Fr. vanden).

443. La Tentation de saint Antoine, d'après D. Teniers. — Très belle épreuve.

YVES.

444. Son œuvre gravé à l'eau-forte; Portraits, Paysages, Variétés à l'eau-forte etc. Soixante-quatre pièces de différents états.

PORTRAITS

MAISON DE LORRAINE.

Pour les différentes séries qui suivent, nous avons suivi l'ordre
de classement fait par M. Meaume.

1. Branche aînée, maisons de Mercœur, Chaligny-Mouy et Joyeuse.

445. *Lorraine* (René II, duc de). Cinq portraits gravés par
de Bry, Gaillard etc, in-8.

446. *Gueldres* (Philippe de), veuve de René, duc de Lorraine.
Gravé par van Schuppen, in-8. — Très belle et rare
épreuve du 1ᵉʳ état, avant la lettre.

447. Le même portrait. — Belles épreuves des 2ᵉ et 3ᵉ états.

448. *Lorraine* (Marguerite de), par van Schuppen et B. Moncornet. Deux portraits in-4. — Très belles épreuves.

449. *Lorraine* (Charles II, duc de). Gravé par Wierrix in-12
(al. 1879). — Superbe épreuve.

450. Le même portrait. — Très belle épreuve.

451. *Lorraine* (Charles III de), évêque de Strasbourg, fils de
Charles III. Gravé dans le goût de Rabel, in-12. —
Très belle épreuve. Rare.

452. *Lorraine* (Charles III, duc de). Gravé par A. Vallée,
in-fol. — Belle épreuve.

453. Le même personnage. — Claude de France, sa femme.
Deux portraits gravés par Wœiriot, in-12. — Très belles
épreuves. Fort rares.

454. Le même personnage. Quatre différents portraits gravés
par C. de Passe, A. Vallée, Wierrix etc., in-8 — Belles
épreuves.

455. Le même personnage et autres. Six portraits gravés par Granthôme, Th. de Leu etc., in-8.

456. *Lorraine* (Renée de), duchesse de Bavière. — Guillaume comte Palatin du Rhin. Cinq portraits gravés par C. de Passe, in-4 et in-8.

457. *Lorraine* (Christine de), femme de Ferdinand Ier grand duc de Toscane, par A. Carrache. In-fol. — Belle épreuve.

458. Le même personnage. — Elisabeth de Lorraine. Six portraits gravés par C. de Passe et autres, in-fol. et in-8.

459. *Lorraine* (Henri de), marquis du Pont. Gravé par Th. de Leu. In-4. — Très belle épreuve.

460. Le même personnage, par L. Gaultier. In-8. — Très belle épreuve.

461. Le même personnage, *P. de La Houe* excudit. In-8. — Très belle épreuve.

462. Le même personnage. — Six différents portraits gravés par Th. de Leu, Custodis, etc., in-4 et in-8.

463. *Bourbon* (Catherine de), femme de Henri de Lorraine. Gravé par Th. de Leu, in-4. — Très belle épreuve avant la retouche.

464. Le même personnage, par Th. de Leu. In-8. — Superbe épreuve avant la retouche.

465. Le même personnage. Six différents portraits gravés par L. Gaultier, Mallery, C. de Passe etc. in-8. — Belles épreuves.

466. *Lorraine* (Marguerite de), princesse de Gonzague, par J. de Heyde. In-8.

467. *Lorraine* (François II de), duc de Calabre, etc. Gravé par J. Valdor. In-12. — Superbe épreuve du Ier état, avant la correction ou mot *Lotharingia*; imprimée sur soie.

468. Le même portrait. — Très belle épreuve du 2e état.

469. *Lorraine* (Charles IV, duc de), à cheval. Gravé par Cl. Deruet, in-fol. obl. — Très rare.

470. Le même personnage. Gravé par van Schuppen, in-fol. — Belle épreuve du 1er état.

471. Le même personnage par Daret, Montcornet etc. Dix différents portraits in-4 et in-8.

472. *Lorraine* (Charles IV de Vaudemont de), jeune, à cheval. Gravé par C. de Passe, in-fol. — Très belle épreuve.

473. *Lorraine* (Nicole de). — Cusance (Béatrix de), comtesse de Cantecroix, femme de Charles IV. Neuf portraits gravés par Daret, M. Lasne, Montcornet, in-4 et in-8.

474. *Cusance* (Béatrix de) femme de Charles IV, d'après van Dyck par P. de Jode. In-8. — Très belle épreuve du 1er état.

475. *Lorraine* (Charles-Henri de) prince de Vaudemont, d'après Ranc, par de Larmessin. In-fol. — Belle épreuve.

476. *Lorraine* (Marguerite de). — Gaston d'Orléans son époux, d'après van Dyck, par van Sompel. In-fol. — Très belles épreuves du 1er état avant les numéros.

477. Les mêmes personnages, d'après van Dyck, gravés par Vorsterman. In-fol. — Très belles épreuves.

478. Les mêmes personnages, par Daret, Montcornet, Vorsterman etc. Onze portraits, in-fol., in-4 et in-8.

479. *Orléans* (Isabelle d'), duchesse de Guise. — *Orléans* (Françoise d') duchesse de Savoie, enfants des précédents. Quatre port. par Montcornet et Larmessin, in-4.

480. *Lorraine* (Louis de) prince de Phalsbourg, à cheval, par J. Callot. In-fol. — Très belle épreuve.

481. Le même personnage, par J. Isaac. In-12. — Très belle épreuve.

482. *Lorraine* (Henriette de), princesse de Phalsbourg, d'après van Dyck, par C. Galle. Petit in-fol. — Très belle épreuve. du 1er état.

483. Le même personnage. — *Lorraine* (Nicolas-François de). Six portraits par C. Galle, Montcornet, in-fol. et in-8.

484. *Lorraine* (Charles V, prince de), par R. Nanteuil (R. D. 63). In-fol. — Superbe épreuve.

485. Le même personnage par E. Hainzelman. In-fol. — Très belle épreuve.

486. Le même personnage par E. Gantrel. In-fol. — Très belle épreuve.

487. Le même personnage par J. Gole. In-fol. — Très belle épreuve.

488. Le même personnage par Bonnart, de Blois, Boissevin, Nanteuil etc. Dix portraits in-fol. et in-4.

489. *Autriche* (Eléonore-Marie d'), femme du précédent, par E. Hainzelman. In-fol. — Belle épreuve.

490. Les mêmes personnages par De Larmessin. In-4. — Belles épreuves.

491. *Lorraine* (la famille de), par Trouvain. Estampe faisant partie de la suite intitulée : les *Appartements de Louis XIV*, gr. in-fol. en larg. — Très belle épreuve.

492. *Lorraine* (Léopold, duc de), par Bonnart, Gantrel, Haid, etc. Sept portraits in-fol. et in-8.

493. *Lorraine* (Louis, prince de). Marie-Anne-Charlotte, enfants du précédent. Deux portraits.

494. *Lorraine* (Léopold, duc de). Sept portraits gravés par Bonnart, Gantrel, Haid, etc. in-fol. et in-8.

495. *Lorraine* (Louis, prince de), fils du précédent. Quatre portraits gravés par Cors, Duflos, in-fol. et in-8.

496. *Lorraine* (Anne-Charlotte de), sœur du précédent, par Petit et autres. Quatre portraits in-8.

497. *Orléans* (Elisabeth-Charlotte-Palatine, duchesse d') par P.-J. Drevet, d'après Rigaud. In-8. — Superbe épreuve.

498. Le même personnage, par M. Horthemels, De Larmessin, Desrochers, etc. Six portraits in-fol. et in-8.

499. *Lorraine* (François 1er de), empereur des Romains. — Marie-Thérèse, sa femme. Deux portraits gravés par Petit, in-8. — Belles épreuves.

500. Les mêmes personnages. Deux portraits d'après Ducreux et Liotard, in-fol. — Belles épreuves.

501. *Lorraine* (François 1er de). Dix portraits gravés par S. Antoine, Petit, Haid et autres.

502. *Marie-Thérèse* femme de François 1er, d'après E. Liotard. In-fol. — Très belle épreuve. Marge.

503. Le même personnage. Dix portraits gravés par Adam, Cathelin, Dupin, etc. in-fol. et in-8.

504. *Marie-Thérèse* et sa fille. — Une dame franque de Galata. Deux portraits gravés par J. Liotard, petit in-fol. — Très belles épreuves.

505. *Lorraine* (Charles-Alexandre de), gouverneur des Pays-Bas. Dix portraits gravés par Daullé, Harrewyn, Petit, etc. in-fol. et in-8.

506. *Lorraine* (Joseph de) archiduc d'Autriche, enfant. Deux portraits gravés par A. Petit et Ridinger, in-fol. et in-8.

507. *Lorraine* (Marie-Antoinette de), reine de France, en Vestale, d'après Dumont, par Tardieu. Gr. in-fol. — Très belle épreuve avant la lettre.

508. *Lorraine* (Emmanuel de), duc de Mercœur, par Th. de Leu (R.-D. 460). — Très belle épreuve du premier état.

509. Le même personnage, par Ant. Wierrix. In-12. — Très belle épreuve.

510. Le même personnage, par J. Wierrix. In-4. — Très belle épreuve.

511. Le même personnage, par L. Gaultier. In-8. — Très belle épreuve.

512. Le même personnage, à cheval, par Thomassin. Petit in-fol. — Belle épreuve.

513. Le même personnage. Neuf différents portraits gravés par Th. de Leu, Moncornet, etc. in-8.

514. *Lorraine* (Louise de), reine de France, par Th. de Leu. In-8. — Superbe épreuve du 1er état, avant la retouche.

515. Le même personnage, par L. Gaultier. In-8. — Très belle épreuve. Marge.

516. Le même personnage. Gravé par Rabel avec copie en contrepartie. Deux portraits in-12.

517. Le même personnage. Copie en contrepartie, in-12. — Très belle épreuve.

518. Le même personnage. — Henri III roi de France. Deux portraits gravés par L. Gaultier. In-8. — Très belles épreuves avec l'adresse de Gaultier.

519. Les mêmes portraits. — Belles épreuves sans l'adresse.

520. Les mêmes personnages. Six portraits par Th. de Leu, Montcornet, in-8.

521. *Joyeuse* (Anne, duc de), pair et amiral de France, par Th. de Leu. In-8. — Epreuve du 1er état, avant la retouche.

522. Le même personnage. Huit portraits par Th. de Leu et L. Gaultier in-8.

523. *Lorraine* (Louise, princesse de) par Th. de Leu (R.-D. 441). In-8. — Très belle épreuve du premier état, avant la retouche.

524. Le même personnage, par L. Gaultier. In-8. — Très belle épreuve.

525. *Lorraine* (Françoise de), duchesse de Vendôme. — César duc de Vendôme son époux. — Louis de Vendôme, duc de Mercœur. — François de Vendôme, duc de Beaufort, etc. Seize portraits gravés par Daret et Montcornet, in-4 et in-8.

526. *Lorraine* (Henri de), comte de Chaligny, par Th. de Leu (R.-D. 335). In-8. — Très belle épreuve avant la retouche.

527. *Lorraine* (Henri de), marquis de Mouy, par Nanteuil (R. D. 197). In-fol. — Très belle épreuve du premier état.

528. Le même personnage, par N. Pitau. Gr. in-fol. — Belle épreuve.

529. Le même personnage et autres. Six portraits par Nanteuil et Montcornet.

II. Branche des Guise, Mayenne, Aumale et Elbeuf.

530. *Lorraine* (François de), duc de Guise. Gravé dans le goût de E. Delaune, in-4. — Très belle épreuve. Marge.

531. Le même personnage. Gravé sur bois, par un anonyme in-4. — Très belle épreuve. Marge.

532. Le même personnage. Huit différents portraits, par Gaultier, Desrochers, Odieuvre etc. in-8.

533. Anne d'Este, sa femme. Gravé par L. Gaultier, in-8. — Très belle épreuve.

534. *Nemours* (Jacques de Savoie, duc de). — Anne d'Este, sa femme. Deux portr. gravés par Th. de Leu et L. Gaultier, in-8. — Belles épreuves.

535. *Lorraine* (Charles de), cardinal archevêque de Reims. Gravé dans le goût d'Et. Delaune, in-4. — Belle épreuve.

536. Le même personnage. Six différents portr. in-fol. et in-8.

537. *Lorraine* (Louis de), cardinal de Guise. Gravé par Th. de Leu, in-fol. — Très belle épreuve avant la retouche.

538. Le même personnage, par le même graveur. In-8. — Belle épreuve.

539. Le même personnage, par A. Vallée. In-8. — Belle épreuve.

540. Le même personnage. Cinq différents portraits, in-8.

541. *Lorraine* (Henri de), prince de Joinville, par Th. de Leu jeune. In-8. — Très belle épreuve.

542. Le même personnage, surnommé le Balafré. Gravé dans le goût de Rabel, in-12. — Belle épreuve.

543. Le même personnage, par Hogenberg. In-12. — Belle épreuve.

544. Le même personnage. Gravé par un anonyme. In-12. — Belle épreuve.

545. Le même personnage. Dix différents portr. par Th. de Leu, Kilian, Dupuis etc.

546. *Lorraine* (Louise de), princesse de Conti. Gravé par Th. de
Leu. In-8. — Très belle épreuve du 1er état avant la retouche.

547. Le même portrait. — Belle épreuve du 2° état.

548. *Bourbon* (François de), prince de Conti, par Th. de Leu,
L. Gaultier, et C. de Passe. Trois portraits in-8. —
Belles épreuves.

549. *Lorraine* (Charles de), duc de Guise. Gravé par L. Gaultier.
In-8. — Superbe épreuve.

550. Le même personnage, par Daret, Lochon, Montcornet,
Cinq portr. in-8.

551. Le même personnage. — *Joyeuse* (Henriette-Catherine de),
sa femme. Deux portr. gravés par M. Lasne in-fol. —
Très belles épreuves.

552. *Lorraine* (Louis de), cardinal de Guise. — Joyeuse (Hen-
riette de), duchesse de Guise. — Louise de Lorraine.
Six portr. par Montcornet, Daret et Th. de Leu. —
Belles épreuves.

553. *Lorraine* (Achille de), prince de Guise, par H. David. In-fol.
— Très belle épreuve.

554. *Lorraine* (Henri de), duc de Guise. — Grimberghe (Hono-
rine de), comtesse de Bossu. Deux portraits gravés par
Morin, in-fol. — Très belles épreuves.

555. *Lorraine* (Henri de), duc de Guise. Sept portraits gravés
par Daret, de Larmessin et Montcornet, in-4 et in-fol.

556. *Lorraine* (Marie de), duchesse de Guise, d'après P. Mignard,
par Masson. In-fol. — Très belle épreuve du 1er état
avant le lapin.

557. Le même personnage. Trois portraits gravés par Picart et
Montcornet, in-8.

558. Le même personnage. — Roger de Lorraine. — Louis de
Lorraine. Six portraits gravés par Massson, Boissevin,
Montcornet, in-fol. et in-8.

559. *Lorraine* (Louis-Joseph de), duc de Guise et d'Alençon.
Deux portraits gravés par G. Vallet et Mellan, in-fol. —
Belles épreuves.

560. *Lorraine* (Claude de), duc de Chevreuse, d'après J. d'Egmont.
In-fol. — Très belle épreuve.

561. Le même personnage. Cinq portraits gravés par Daret,
Lochon et Montcornet, in-4 et in-fol.

562. *Rohan* (Marie de), femme de Claude de Lorraine. — Char-
lotte, Marie de Lorraine. Six portraits par Montcornet,
Balechou, etc., in-8.

563. *Lorraine* (Charles de), duc de Mayenne, par J. Wierrix.
In-12. — Belle épreuve.

564. Le même personnage, gravé par un anonyme. In-12. —
Belle épreuve.

565. Le même personnage. Copie en contrepartie d'après
Th. de Leu, in-8. — Très belle épreuve.

566. Le même personnage. Douze différents portraits gravés
par Granthôme, Th. de Leu, L. Gaultier, Montcornet etc.

567. *Gonzague* (Charles de), duc de Nivernais et Rethel, par
Th. de Leu. Deux différents portraits in-8. — Belles
épreuves.

568. Le même personnage. — Charles II de Gonzague. —
Marie de Gonzague, etc. Huit portraits par Th. de Leu et
Montcornet, in-8.

569. *Lorraine* (Claude de), chevalier d'Aumale, par Th. de Leu.
In-8. — Superbe épreuve.

570. *Savoie* (maison de), Henri Ier. — Henri II, archevêque de
Reims. — Charles-Amédée duc de Nemours. — Charles-
Emmanuel. — Marie de Rohan, duchesse de Chevreuse.
— Elisabeth de Vendôme, duchesse de Nemours. Neuf
portraits gravés par Montcornet etc., in-8.

571. *Lorraine* (Charles de), duc d'Elbeuf. — Chabot (Marguerite
de), sa mère etc. Six portraits, in-8, par Lochon et
Montcornet.

572. *Lorraine* (Henri de), comte d'Harcourt. Gravé par Masson, d'après Mignard, gr. in-fol. — Belle épreuve.

573. Le même personnage. Gravé par Morin, d'après Ph. de Champaigne, in-fol. — Très belle épreuve.

574. Le même personnage, à cheval; au fond la vue de Turin. Gravé par Humblot, in-fol. — Très belle épreuve.

575. Le même personnage. Gravé par Landry. In-fol. — Belle épreuve.

576. Le même personnage. Six différents portraits par Leblond Edelinck et autres, in-fol. et in-8.

577. Le même personnage. Six portraits, in-4 et in-8.

578. Le même personnage. — Marguerite du Cambout, comtesse d'Harcourt. Six portraits gravés par Daret et Montcornet, in-4 et in-8.

579. *Lorraine* (Monsieur le chevalier de). — *Lorraine* (Charles de), comte de Marsan. Quatre portraits gravés par Bonnart et Trouvain, petit in-fol.

580. *Lorraine* (Henriette de), coadjutrice de l'abbaye de Soissons. In-fol. — Très belle épreuve.

581. *Lorraine* (Raymond de), abbé d'Harcourt. In-fol. — Belle épreuve.

582. *Lorraine* (Fr.-Arm. de), évêque de Bayeux gravé par F. Chereau. In-fol. — Très belle épreuve du 1er état avant la lettre.

583. Le même personnage. Cinq différents portraits gravés par Chereau, Desrochers, etc., in-8.

584. *Lorraine* (Henri de), comte de Brionne, d'après N. De Largillière. In-fol. — Très belle épreuve.

585. *Lorraine* (Louis de), prince de Lambesc, d'après A. Demare. In-fol. — Deux belles épreuves des 1er et 2e états.

III. Branche de S. Leczinski.

586. — CATHELIN (J.), COLIN et autres. — Portraits de *Stanislas Leczinski*. In-4 et in-8. Sept pièces. Belles épreuves.

587. — COLIN. — *Stanislas Ier*, roi de Pologne, en pied. In-4. — Rare.

588. — LARMESSIN (N. de). — *Stanislas*, roi de Pologne. — *Catherine Opalinska*, en pied, d'après Vanloo. Gr. In-fol. — Très belles épreuves.

589. — MOYREAU (J.). — Stanislas 1er roi de Pologne et *Catherine Opalinska*. — Louis XV roi de France et Marie Leczinska, d'après Vanloo. Deux pièces. — Très belles épreuves.

590. — CARS et CHEREAU. — *Marie Leczinska*, reine de France, d'après Vanloo. Deux portraits gr. in-fol. — Belles épreuves.

591. — CARRONI (C.). — *Marie Leczinska*, reine de France. (De la collection des émaux de Petitot.) — Très belle épreuve d'artiste, sur chine.

592. — DIVERS. — *Marie Leczinska*, reine de France par Duponchelle, Petit, chez Desrochers, Odieuvre, etc. Six portraits in-fol. et in-4.

593. — DUPONCHELLE. — *Marie Leczinska*, reine de France, d'après Nattier. In-8. — Belle épreuve. Grande marge.

594. — FRANÇOIS. — *Marie Leczinska*, reine de France. In-fol. gravé à la manière du crayon. — Très belle épreuve.

595. — GAUCHER (Cu.). — *Marie Leczinska*, d'après Nattier. Gravé pour l'Histoire de France du Président Hénault. In-8. — Très belle épreuve avant le texte au verso.

596. — LARMESSIN (N. de). — *Louis XV*, roi de France. — *Marie Leczinska*, en pied, d'après Vanloo. Grand in-fol. — Très belles épreuves. Grandes marges.

597. *Marie Leczinska*, en pied, d'après Vanloo. — Belle épreuve.

598. La même estampe, la tête de la reine a été remplacée par celle de Marie-Antoinette, l'inscription et les noms des artistes ont été changés.

599. *Marie Leczinska*, reine de France, d'après Vanloo. In-fol. — Très belle épreuve.

600. — PETIT. — *Marie Leczinska*, reine de France, d'après Vanloo. In-fol. — Belle épreuve.

601. — TARDIEU. — *Marie Leczinska*, d'après Nattier. In-fol. — Très belle épreuve. Marge.

IV. Personnages nés ou ayant exercé des charges en Lorraine.

602. *Bar* (Catherine de), religieuse bénédictine, par P. Drevet. — *Dernecourt* (Albertine de), dame de Saint-Balmont. Quatre portraits par Drevet et Montcornet, in-fol. et in-8.

603. *Beauvau* (Fr. de) primat de Lorraine. — *Maimbourg* (Louis), jésuite. — *Lemoyne* (P.), jésuite, etc., etc. Cinq portraits in-fol. et in-8., par Habert, Poilly, Pozzi et Montcornet. — Belles épreuves.

604. *Beauvau* (Marc de), *Bassompierre*, *Choiseul* (Etienne de), *Fabert*. Dix portraits in-fol. et in-8.

605. *Béthune* (H. de), évêque de Verdun, par P. Drevet.

606. *Saint-Simon* (Claude de), évêque de Metz, par Daullé. Deux portraits in-fol. — Belles épreuves.

607. *Bornonius* (Jacques), jurisconsulte. Gravé par Wœiriot. In-8. — Deux épreuves des 1er et 2e états.

608. *Bourgogne* (Charles, duc de), par J. Suyderhoef. In-fol. — Très belle épreuve du 1er état, avant le n°.

609. *Boufflers* (J. de). — *Henault* (le Président). — *G. Coyer.* — *E. Fréron.* — *Neuchateau* (Fr. de). — *La Vergne de Tressan.* — *G. Soret*, etc., etc. Huit portraits par Delaunay, Gaucher, etc. in-8. — Très belles épreuves.

610. *Bourbon* (Henri de), évêque de Metz. Six portraits gravés par M. Lasne et Montcornet in-4 et in-8.

611. *Bourlemont* (Charles de), archevêque de Toulouse, d'après Ferdinand, par Van Schuppen. In-fol. — Très belle épreuve.

612. *Buffon* (G.-L. comte de), de l'Académie française. Six différents portraits gravés par Chevillet, Dupréel, Vangelisty, etc. in-fol. et in-8. — Très belles épreuves.

613. *Calmet* (Dom Augustin), bénédictin de Lorraine, d'après Fontaine, par N. Pitau. Petit in-fol. — Deux épreuves avant et avec la lettre.

614. Le même personnage, par Séb. Antoine et Pitau. — Deux portraits in-fol.

615. *Caumont* (Jacques Nompar de), duc de La Force. — Siège de La Mothe, par le maréchal de La Force etc. Six pièces gravées par A. Bosse, Montcornet.

616. *Chamat* (J.) architecte, *S. Leclerc*, *N. Guibal*, *J. Nocret*, *C. Pœrson*, *P. Wœiriot*, etc. Neuf portraits d'artistes in-fol. et in-8. — Belles épreuves.

617. *Charles V.* D'après le Titien par J. Suyderhœf. In-fol. — Très belle épreuve du 1er état avant le N°.

618. *Chastelet* (Gabrielle-Emilie de Breteuil, marquise du). Cinq portraits gravés par Lempereur, Petit etc. in-4 et in-8.

619. *Chaumont de la Galaizière*, chancelier du roi de Pologne. — *La Vergne* comte de Tressan. — *Lorentz* (Bernard). Quatre portraits in-fol. et in-8.

620. *Cossé* (Arthur de). — *Marillac* (L. de). — *Senneterre* (H. de). — *Schonberg* (Ch.) duc d'Halluyn. Dix portraits gravés par Montcornet et Daret in-fol. et in-4.

621. *Créquy* (François de Bonne de), duc de Lesdiguières, par R. Nanteuil. In-fol. — Très belle épreuve du 1er état.

622. *Croy* (Marie-Claire de), princesse de l'Empire, d'après van Dyck, par C. Waumans. Petit in-fol. — Très belle épreuve du 1er état.

623. *Jeanne d'Arc*, par J. Leclerc. In-8. — Belle épreuve.

624. *Duchastelet* (Pierre), évêque de Toul, par Wœiriot. In-8.
— Très belle épreuve.

625. — *Dumont de Valdajon*, médecin de M. le comte de
Provence. — *Fenouillot de Quingey*, inspecteur des
Salines. — *Pilate de Rozier*. — *Louis* (Ant.), chirurgien
etc. Six portraits gravés par Chenu, Miger, Saint-
Aubin, in-fol., in-4 et in-8. — Très belles épreuves.

626. *Epernon* (Jean-Louis de la Vallette, duc d'), par M. Lasné.
In-fol. — Très belle épreuve.

627. Le même personnage. — Le cardinal de la Vallette et
autres. Onze portraits par Th. de Leu, Daret et Montcornet in-8.

628. *Epernon* (Bernard de Foix de la Vallette, duc d'), par
R. Nanteuil. In-fol. — Très belle épreuve.

629. Le même personnage, par van Schuppen. In-fol. — Très
belle épreuve.

630. *Errard* (J), ingénieur de Bar-le-Duc, par Th. de Leu. In-4.
— Très belle épreuve du 1er état, avant la lettre.
Rare.

631. *Favart* (Madame), en pied, dans le rôle de Bastienne,
d'après Vanloo, par Daullé. Gr. in-fol. — Très belle
épreuve.

632. Le même personnage, par J.-J. Flipart, d'après C.-N. Cochin. In-8. — Très belle épreuve du 1er état, avec le nom
du personnage.

633. Le même portrait. — Très belle épreuve du 2e état.

634. *Foucquet de Belle-Isle* (Charles-Louis-Auguste), gouverneur de Metz, d'après de la Tour. Deux portraits in-
fol. par Moitte et Wille. — Belles épreuves.

635. *Gondy* (Personnages de la maison de). Vingt portr. gravés
par Duflos, in-4. — Très belles épreuves.

636. *Graffigny* (Françoise d'Issembourg, veuve de monsieur de),
par Cathelin et Gaucher. Trois portr. in-8. — Belles
épreuves.

637. Le même personnage. Cinq portraits par Dagoty, Lempereur, in-4 et in-8.

638. *Joly* (Claude), évêque d'Agen, par R. Nanteuil (R. D. 113).
In-fol. — Très belle épreuve du 1er état.

639. *Lacordaire* (Le Père). Trois portr. par Martinet, Monnin,
in-fol. et in-4. — Belles épreuves.

640. *La Meilleraye* (Charles de La Porte, duc de), maréchal de
France, par Nanteuil. In-fol. — Belle épreuve.

641. *La Mothe* (Etienne de), sous-gouverneur du Barrois, par
P. Wœiriot. In-4. — Belle épreuve.

642. *Louis XIII, Saint-Aignan, duc de Créqui, L'Hôpital, duc de
Rohan, Turenne.* Neuf portr. gravés par Daret, Montcornet, in-4 et in-fol.

643. *Maugis* (Claude), par L. Vorsterman. — *Laubespine* (Claude
de). Deux portr. in-4. — Très belles épreuves.

644. *Molé* (François), abbé de Saint-Paul de Verdun, par Nanteuil. — *Parfait* (Nicolas), abbé de Bousonville. Trois
portr. gravés par Nanteuil, Edelinck et Pitau, in-fol. —
Très belles épreuves.

645. *Monchy* (Armand de), évêque et comte de Verdun. Deux
portr. gravés par Grignon et Landry, in-fol. — Très
belles épreuves.

646. *Neufville* (Nicolas de), duc de Villeroy, d'après Ph. de
Champaigne, par Morin. In-fol. — Belle épreuve.

647. *Rambures* (Charles de), gouverneur du Crottoy et autres.
Neuf portr. gravés par Montcornet, in-8.

648. *Richelieu* (Jacques-Armand Duplessis, cardinal de), par
Boulanger. Petit in-fol. — Belle épreuve.

649. *Salm* (Jean, comte de), par Wœiriot. In-4. — Belle
épreuve.

650. *Silli* (François de), comte de La Rocheguyon, par Th. de
Leu. In-8. — Belle épreuve.

651. *Villars* (Louis-Hector de), maréchal de France. Deux portr. par de Rochefort et C. Le Poez, in-fol. — Belles épreuves.

652. *Vincent de Paul* (Saint), par Boulanger, Grignon, Edelinck et Trouvain, Quatre portr. petit in-fol. — Belles épreuves.

653. Collection des Cent soixante portr. des princes et personnages concernant l'histoire de Lorraine, la plupart dessinés d'après des tableaux du temps et gravés par divers artistes. In-fol.

654. Plans et vues de la Cathédrale et de l'Abbaye de Saint-Vincent à Metz. Sept pièces.

655. Plans et différents monuments de Nancy. Seize pièces.

656. Plans et vues de la Ville et de la Cathédrale de Strasbourg. Dix pièces.

657. Plans et vues de la Ville et de la Cathédrale de Toul. Sept pièces.

658. Plans et vues des Villes de Bar-le-Duc, Blaumont, Clermont en Barrois, Jametz, Marsal, Montmedi, Moyenvic, Sirck, Stenay, Thionville, Verdun, Vic. Vingt-quatre pièces.

659. Cartes du Duché de Lorraine, d'Alsace. — Théâtre de la guerre sur le haut Rhin. Huit pièces.

660. Allégoriques sur la réunion de la Lorraine à la France. Trois pièces gravées par Flipart et Cochin, in-fol. — Belles épreuves.

Portraits de personnages pour l'histoire de la guerre de Trente ans.

661. L'Assemblée des plénipotentiaires ratifiant le traité de Paix de Munster, d'après G. Terburg, par J. Suyderhœf. — Très belle épreuve. L'inscription du bas est coupée.

662. *Autriche* (Albert, archiduc d'), d'après Soutman, par
J. Suyderhœf. In-fol. — Très belle épreuve du 1er état,
avant le numéro.

663. *Autriche* (Ferdinand, archiduc d'), d'après Van Dyck, par
P. Pontius. In-fol. — Très belle épreuve.

664. Le même personnage à cheval. Gr. in-fol. — Très belle
épreuve.

665. *Autriche* (Ferdinand d'). — Charles-Louis, comte Palatin
du Rhin, par Hollar. Deux port. d'après Van Dyck,
in-fol. — Très belles épreuves.

666. *Brunswick* (Christian, duc de). — *Sophie Hedwige*, sa femme,
d'après Mirvelt, par Delf. Deux portr. in-fol. — Belles
épreuves.

667. *Ernest I*er dit le Pieux, duc de Saxe-Gotha par Sandrart.
Gr. in-fol. — Belle épreuve.

668. *Gustave-Adolphe*, roi de Suède, 1631, par M. Lasne. In-fol.
— Très belle épreuve.

669. *Isabelle-Claire-Eugénie*, infante d'Espagne, d'après Van
Dyck, par G. Hondius. In-fol. — Très belle épreuve.

670. *Isabelle-Claire-Eugénie*. — *Ernestine*, *Princesse de Ligne*,
d'après Van Dyck, par Vorsterman. Deux portr. in-fol.
— Belles épreuves.

671. *Lafaille* (Adr.), jésuite. — *Marselaar* (Fr.). — *Leblon* (Michel),
par M. Lasne et Lommelin. Trois portr. d'après Van
Dyck, in-fol. — Très belles épreuves.

672. *Léopold I*er, empereur d'Allemagne, d'après Fr. Luycken,
par Pontius. Gr. in-fol. — Superbe épreuve.

673. *Léopold*, archiduc d'Autriche, d'après J. Van Hœcke, par
Vorsterman. In-fol. — Très belle épreuve.

674. *Longueval* (Ch. de), comte de Bucquoy, d'après Rubens,
par Vorsterman. Gr. in-fol. — Très belle épreuve.

675. *Longueville* (Henri d'Orléans duc de). — *Bourbon* (Anne-
Geneviève de), sa femme, d'après Van Hulle, par P. Pontius. Deux portraits in-fol. — Très belles épreuves avant
les numéros.

676. *Nemours* (Marie-Anne d'Orléans-Longueville, duchesse de), par N. Regnesson. In-8. — Très belle épreuve.

677. *Mansfeld* (Ernest, comte de), d'après Mierevelt, par Delft. In-fol. — Très belle épreuve.

678. *Maria*, femme de Bernard de Saxe-Weimar, par Kilian. In-fol. — Très belle épreuve.

679. *Nassau* (Jean-Maurice, comte de), d'après P. Soutman, par C. Visscher. In-fol. — Très belle épreuve du 1er état.

680. *Nassau* (Ernest-Casimir, comte de), maréchal de Hollande, par C. Queboren. In-fol. — Belle épreuve.

681. *Nassau* (Jean, comte de), d'après Van Dyck. — *Fontaine* (Bernard, comte de). Deux portraits par Vorsterman in-fol. — Très belles épreuves.

682. *Orange* (Philippe, prince d'), d'après Ant. Wierrix, par J. Wierrix. In-12. — Très belle épreuve.

683. *Orange* (Frédéric, prince d'). — *Frédéric-Henri*, comte palatin du Rhin, d'après Mierevelt. Deux portraits par Delft, In-fol. — Belles épreuves.

684. *Oxenstiern* (Axel), chancelier de Suède, d'après M. Mierevelt, par Delft. In-fol. — Très belle épreuve.

685. *Philippe III*, roi d'Espagne, d'après Soutman, par Suyderhœf. In-fol. — Superbe épreuve de 1er état, avant le numéro.

686. *Piccolomini* (Octave), général, d'après G. Seghers, par Vorsterman. In-fol. — Très belle épreuve.

687. *Thurn* (H.-M., comte de), général allemand, d'après Mierevelt, par Delft. In-fol. — Très belle épreuve.

688. *Wallenstein* (Albert, comte de), d'après Van Dyck, par P. de Jode. In-fol. — Très belle épreuve du 1er état. Marge.

689. *Wolfang* (Guillaume), comte palatin du Rhin. — *Culenborch* (Forent, comte de), d'après Mierevelt, par Delft. Deux port. in-fol. — Très belles épreuves.

690. *Wrangel* (Ch.-Gustave), général suédois, par N. Pitau. In-fol. — Superbe épreuve du 1er état, avant la lettre,

691. Cent quatorze portraits de personnages des divers pays
de l'Europe, concernant l'histoire de la Guerre de
Trente ans, gravés par Daret, Larmessin, Montcornet,
C. de Passe. In-4 et in-8.

Portraits anglais.

692. — DALEN (C. VAN). — *Charles II*, roi d'Angleterre, d'après
R. Nason. In-fol. — Très belle épreuve.

693. — DELFT (G.). — *Charles Ier*, roi d'Angleterre. — *Henriette de France* d'après D. Mytens. Deux portraits
in-fol. — Très belles épreuves.

694. *Elisabeth d'Angleterre*, reine de Bohême, d'après Mierevelt,
par Delft. In-fol. — Très belle épreuve.

695. — GALLE (C.). — *Charles Ier*, roi d'Angleterre. — *Henriette de France*, d'après G. Honthorst. Deux portraits
in-4. — Très belles épreuves.

696. — HOLLAR (W.). — *Henriette-Marie*, reine d'Angleterre.
In-fol. — Très belle épreuve.

697. — LEBLOND (excudit). — *Henriette-Marie*, reine d'Angleterre. In-4. — Belle épreuve.

698. — LEU (TH. DE.). — *Jacques Ier*. — *Marie Stuart*. —
François II. Trois portraits in-8.

699. — LEU (manière de TH. DE). — *Marie Stuart*, reine de
France. In-fol. — Ancienne épreuve.

700. — SUYDERHOEF (J.). — *Charles Ier*, roi d'Angleterre. —
Henriette de France, d'après Van Dyck. In-fol. — Très
belles épreuves avant les numéros.

701. — VERTUE (G.). — Les Fondateurs de la maison royale
d'Ecosse à genoux auprès du tombeau de Henry
Darnley. Gr. in-fol. — Très belle épreuve.

702. — VISSCHER. — *Charles Ier*, roi d'Angleterre, d'après Van
Dyck. In-4. — Très belle épreuve.

———

DESSINS

BELLANGE (J.).

703. Costumes. Deux études à la sanguine.

EVERDINGEN (A. Van).

704. Pays montagneux. — A la sépia, rehaussé.

CALLOT (J.).

705. La Vierge les mains jointes. Gravé sous le n° 106. — A la pierre noire.

WOEIRIOT (P.).

706. Histoire de la Genèse. Cinq compositions qui ont été gravées par le Maître. — A la plume, lavé.

707. Vue de Campo-Vaccino, d'après Claude Lorrain. — A l'aquarelle.

708. Sous ce numéro il sera vendu par lots environ cinq cents photographies d'après les tableaux des Musées d'Italie, Paris, etc. — Gravures et lithographies, portefeuilles de la collection.

Paris. — Typ. G. Chamerot, 19, rue des Saints-Pères. — 20132.

EN DISTRIBUTION :

A la Librairie de Mme Veuve ADOLPHE LABITTE

3, rue de Lille, 3

CATALOGUE

DE

LIVRES ANCIENS ET MODERNES

PRINCIPALEMENT

SUR L'HISTOIRE DE LA LORRAINE

LES BEAUX-ARTS, ETC.

Composant la Bibliothèque de feu M. ÉDOUARD MEAUME

Vente du Lundi 7 au Mercredi 9 Février 1887

Paris. — Typ. G. Chamerot, 19, rue des Saints-Pères. — 20132.

www.ingramcontent.com/pod-product-compliance
Ingram Content Group UK Ltd.
Pitfield, Milton Keynes, MK11 3LW, UK
UKHW020950120726
13693UKWH00004B/1641